Arbeitsmaterial Religion
Sekundarstufe II

Herausgegeben von Volker Fabricius

Gerhard Büttner/Gert Sauer

Religion und Tiefenpsychologie

Lehrerhandbuch

D1695717

Verlag Moritz Diesterweg
Frankfurt am Main

Arbeitsmaterial Religion Sekundarstufe II

Kirche im Nationalsozialismus	(MD 7831)
Lehrerhandbuch	(MD 7841)
Armut	(MD 7832)
Lehrerhandbuch	(MD 7842)
Lernprozeß Frieden	(MD 7833)
Lehrerhandbuch	(MD 7843)
Thema: Gott	(MD 7834)
Lehrerhandbuch	(MD 7844)
Evangelische Kirche und Demokratie	(MD 7835)
Lehrerhandbuch	(MD 7845)
Erziehung	(MD 7836)
Lehrerhandbuch	(MD 7846)
Religion und Tiefenpsychologie	(MD 7837)
Lehrerhandbuch	(MD 7847)

ISBN 3-425-07847-X

© 1989 Verlag Moritz Diesterweg GmbH & Co., Frankfurt am Main.
Satz und Druck: Druckwerkstätten Koehler & Hennemann GmbH, Wiesbaden.

Inhalt

1 Allgemeine Anmerkungen zum Unterrichtsmodell 1

2 Zum Umgang mit unbewußtem Material im Unterricht 2
2.1 Voraussetzungen für einen psychohygienisch förderlichen Umgang
mit tiefenpsychologischen Inhalten im Religionsunterricht 3
2.2 Der Umgang mit psychologisch bedeutsamem Material im Unterricht 5

3 Didaktischer Kommentar zu den einzelnen Blöcken des
Unterrichtsmodells... 14
3.1 Block A: Das Unbewußte 14
3.2 Block B: Sigmund Freud – der Begründer der Psychoanalyse 15
3.3 Block C: Sigmund Freud und die Religion...................... 24
3.4 Block D: Die Welt der Träume 30
3.5 Block E: C. G. Jungs Weg zum Unbewußten.................... 32
3.6 Block F: C. G. Jung und die Religion 49
3.7 Block G: Theologie und Tiefenpsychologie 55

1 Allgemeine Anmerkungen zum Unterrichtsmodell

Das vorliegende Heft umfaßt sieben Bausteine, die sukzessive behandelt, einen Einblick in Grundzüge der Freud'schen Psychoanalyse und die Analytische Psychologie C. G. Jungs vermitteln. Beide psychologische Schulen tangieren bestimmte Aspekte des christlichen Glaubens und der christlichen Theologie. Da der Jung'sche Ansatz sich gewissermaßen als Weiterführung des Freud'schen versteht, ist es hilfreich, die von uns vorgeschlagene Reihenfolge einzuhalten.
Die Verfasser des Unterrichtsmodells wissen sich dem Jung'schen Ansatz verpflichtet, dies sollte der Lehrer wissen, auch wenn wir uns um eine faire Darstellung Freuds bemüht haben. Wer nicht das ganze Heft behandeln kann oder will, dem bieten sich folgende Alternativen an: Ausgangspunkt sollte in jedem Fall Block A sein, weil hier die Frage nach dem Unbewußten und seiner Erkennbarkeit thematisiert wird.

1. Schwerpunkt Freud

Hier sollten die Blöcke B und C behandelt werden, dazu das Freud'sche Traumdeutungsbeispiel aus Block D, gegebenenfalls aus Block G G/3 und G/4.

2. Schwerpunkt Jung

Hier kann gegebenenfalls direkt von A zu Block E übergegangen werden, dazu ein Traumbeispiel aus D, gegebenenfalls Elemente aus B, dann Block F und G.

3. Konzentration auf das Verhältnis Tiefenpsychologie – Religion/Theologie

Eine Schwerpunktsetzung auf die Blöcke C, F und G ist prinzipiell möglich. Es fragt sich jedoch, ob die Schüler ohne Kenntnis des tiefenpsychologischen Denkens die Fragestellungen wirklich nachvollziehen können.

Da die Beschäftigung mit tiefenpsychologischem Material auch dort, wo bewußt eine Konzentration auf ein kognitives Vorgehen stattfindet, immer auch Hoffnungen und Ängste der Schüler anrührt und die Realität des Unbewußten durchaus im Stundenverlauf spürbar werden kann, haben wir einen methodischen Vorspann an den Beginn des Lehrerheftes gesetzt, dem im zweiten Teil dann der didaktische Kommentar zu den einzelnen Elementen des Schülerheftes folgt.

Gerhard Büttner, Gert Sauer

Zitierte Textauszüge sind mit Sternchen (*) gekennzeichnet.

2 Zum Umgang mit unbewußtem Material im Unterricht

Erst neulich begegnete ich einem jungen Vater, der mich entsetzt fragte, was ich von der Grausamkeit der Märchen hielte. Ich denke, daß ich ihn ein wenig erschreckte mit der Feststellung, daß die Märchen so grausam wie das Leben seien und daß es wichtig sei, unseren Kindern die Lebenserfahrungen vergangener Generationen zu vermitteln. Ich schloß, daß es darauf ankäme, wie dieses Wissen um das Grausame vermittelt würde, aber ich fürchte, daß er dieses schon gar nicht mehr hören wollte.

Auch beim Thema Tiefenpsychologie und Theologie bzw. bei der Vermittlung tiefenpsychologischer Inhalte im Religionsunterricht oder beim Umgang mit von der Klasse angebotenen tiefenpsychologischen Inhalten geht es um das gleiche Thema: Wie kann die Erfahrung voriger Generationen von der eigenen Psyche und dem eigenen Leben, speziell der eigenen Religion an junge Menschen weitergegeben werden? Tiefenpsychologie ist dabei definiert als die systematisierte therapeutische Erfahrung von der Grundstruktur der menschlichen Psyche. Es entspricht ihrem Wesen als naturwissenschaftlicher Disziplin, daß sie aufbaut auf wahrscheinlichen Vermutungen, die jederzeit revidierbar sein müssen. Sie berührt sich mit geisteswissenschaftlicher Tätigkeit und damit mit Theologie, da sie religiöse und theologische Inhalte als naturwissenschaftlich faßbare Äußerungen der lebendigen Psyche aufzufassen gelernt hat. Die Vermittlung von Märchen, aber auch die Vermittlung religiöser Inhalte bedeutet von ihrem Gesichtspunkt aus ein Einführen und Bekanntmachen des Schülers mit Inhalten der eigenen Psyche bzw. mit Inhalten der Psyche seiner Vorfahren. Religionsunterricht und andere Disziplinen geisteswissenschaftlicher Art gewinnen dabei die Bedeutung einer prophylaktisch arbeitenden Psychohygiene und damit eine wichtige Stellung im Gesundheitswesen, wenn bestimmte Voraussetzungen gewahrt werden.

Es ist dabei unbestritten, daß Theologie ihrerseits zum eigenen Unterricht und zur Tiefenpsychologie eigene Vorstellungen hat. Das wissenschaftliche Gespräch beider Disziplinen kann sie aber an einer entscheidenden Stelle ganz sicher bereichern: Aufgrund der Erfahrung mit der eigenen Religion kann sie Tiefenpsychologie jeder Provenienz darauf aufmerksam machen, wo sie sich ihrer eigenen religiösen Aussagen nicht bewußt ist und den Boden naturwissenschaftlicher Beobachtung und Theoriebildung verläßt und somit zu einer Art tiefenpsychologischem Kultverein wird. M.E. gilt dabei für die heutige wissenschaftliche Diskussion insgesamt die Frage, wieweit die Wissenschaft Europas selbst religiöse Antriebe unbewußter Art in sich trägt und die Wertfreiheit der naturwissenschaftlichen Beobachtung gleichfalls eine Illusion ist, die ideologiekritisch geklärt werden muß. Theologie wird der Tiefenpsychologie gegenüber diese Position jedoch nur einnehmen können, wenn sie nicht von einem zwanghaft einengenden Dogmatismus ausgeht, der von der Tiefenpsychologie aus leicht als pathologisch abgewehrt werden kann.

2.1 Voraussetzungen für einen psychohygienisch förderlichen Umgang mit tiefenpsychologischen Inhalten im Religionsunterricht

Allgemeine Voraussetzungen

Symbole, Bilder, Märchen, Aufsätze, Geschichten, Konfliktsituationen im Schulleben sind Äußerungen der bewußten und unbewußten Psyche des Lehrers und des Schülers. Beide Teile stoßen entweder spontan als Folge gruppenpsychologischer Prozesse darauf oder aus individuellen Gründen oder, weil der Lehrplan damit konfrontiert. Sie sind die sensiblen Berührungspunkte, an denen lebendige Innenwelt und lebendige Außenwelt häufig ohne den Schutz des Bewußtseins durch Verdrängung zusammenstoßen. Jedes Element dieser Art kann unversehens bildhafter Ausdruck eines lebendigen psychischen Organs sein. Tiefenpsychologie bezeichnet diese Organe als Komplexe. Sie bestehen aus einem bildhaften Element – das kann auch ein rationaler Begriff sein, hinter dem ein Bild steht, z. B. enthält der rationale Begriff Zwangsneurose das Bild eines inneren KZ –, aus einem gewissen Quantum psychischer Energie und aus einem Gefühlston. Im Unterricht machen sich solche Berührungen sensibler psychischer Zonen meist in Störungen des Unterrichtsvorganges durch Ablenken, Unruhe, Lautstärke, durch Widerstand jeder Art bemerkbar. Wichtig ist es dabei anhand des Gefühlstons zu erkennen, wo die emotionalen Komponenten liegen.

Dabei sind die Stunden gelassener Heiterkeit und gar Ausgelassenheit oder voller erotischer Spannung ganz sicher leichter zu bearbeiten als Stunden voller Angst, Trauer oder gar Depression. Will ein Lehrer an diesem Punkt weiterkommen, dann gilt die Regel:

① *Wenn sich ein Komplex bemerkbar macht, handelt es sich um einen Unterrichtsbeitrag der Psyche, der wahrgenommen, aufgenommen und freigesetzt werden soll, um seine heilsame Wirkung am Bewußtsein der Klasse zu entfalten.*

Sprechen von Vater- oder Mutterrolle, von männlicher oder weiblicher Identität, von männlichem oder weiblichem Gottesbild, ist eben nicht nur ein theoretisches Problem, sondern berührt die eigene Elternerfahrung genauso wie die Fähigkeit, sich selbst und anderen gegenüber Elternrolle zu übernehmen. Das Assoziationsexperiment zeigt darüberhinaus, daß jedes Wort unserer Sprache solche sensiblen Zonen berühren kann. Deshalb ist es nötig, die von Rudolf Blomeier in Berlin versuchsweise der Freudschen Triade entgegengesetzte Dreiheit von „wahrnehmen, aufnehmen und freisetzen" für den Unterricht näher zu definieren:

Wahrnehmen heißt für den Lehrer, sich selbst und der Klasse gegenüber so aufmerksam wie möglich zu sein. Aufnehmen heißt, auf jeden Fall einen geschützten Raum bieten, und das kann paradoxerweise bedeuten: Diskretes übergehen oder ins Gespräch mit einbeziehen. Freisetzen heißt, die psychischen Kräfte, die sich hier äußern, als wertvolle Beiträge zum Unterrichtsgeschehen zu akzeptieren. Im Unterschied zur direkten therapeutischen Intervention ist der Lehrer angewiesen auf eine aufnehmende Haltung, die die Entwicklung der betroffenen Persönlichkeit nicht stört, sondern fördert. Bringt ein Schüler oder eine Schülerin einen

Traum im persönlichen Gespräch oder im Unterrichtsgeschehen ein, dann bedeutet dieses für den Lehrer zuerst die Wahrnehmung und Honorierung des außerordentlichen Vertrauens durch die Seele des Kindes, das im Geschenk dieses unbewußten Materials besteht. Solch ein Geschenk verdient ungeteilte Wertschätzung und nicht etwa Bewertung. Die konsequente Durchführung dieser Haltung würde übrigens m.E. unbewußten Racheakten als Spiegelung dieser Haltung in Abiturszeitungen vorbeugen.

Ein Lehrer fand dazu eine besonders schöne Formel. Er sagte: „Hanni, Deine Rechtschreibung ist fürchterlich, aber Deine Märchen sind einfach wunderbar". Der Lehrer wahrte seine Rolle als Pädagoge und wurde nicht zu einem Ersatztherapeuten irgendwelcher Art. Aber er vermittelte die therapeutisch notwendige Wertschätzung für das Werk und die Äußerung der kindlichen Psyche. Demgegenüber machen Beurteilungen, Richtigstellungen, Rationalisierungen unbewußten Materials aus einem Pädagogen eher einen Chirurgen und aus einem selbstgedichteten Märchen ein mißratenes Gewächs, an dem herumoperiert werden muß. Dann wird das *Unbewußte* wirklich zum *Unter*-bewußten, wie es das herrschende Bewußtsein völlig unwissenschaftlich immer wieder haben will, oder noch schlimmer: aus dem Unterbewußtsein wird ein Bunkerbewußtsein der Schüler und aus dem Lehrerbewußtsein ein Überich, das alles in einem Sinn zurechtdrechselt. Ganz besonders schwer haben es hier jene Disziplinen, die sich mit den Äußerungen unbewußter Schichten besonders häufig berühren. Welche Chancen haben gestaltende Fächer wie Deutsch und Geschichte, Sprachen und Religionsunterricht, durch Förderung der individuellen Äußerungen der Psyche im Rahmen des Unterrichtstoffes Grundlagen eigener Lebensgestaltung zu festigen und zu ermöglichen und wie oft werden sie durch Rechthabenmüssen vertan?
Rechthabenmüssen hat als Gefühlston die Angst. Dahinter steckt meist ein destruktiver Komplex, der sehr viel mit eigenen Unsicherheiten zu tun hat. Sollte also das vorliegende Themenheft Anlaß dafür sein, Rechthabereien statt wissenschaftliches Bedenken über die Angemessenheit der Freudschen oder Jungschen Positionen auslösen, sollte es gar dazu führen, statt die tiefenpsychologische Position zu reflektieren, darzustellen, Gründe dafür oder dagegen abzuwägen, sich in bekenntnismäßige Positionen zurückzuziehen, wäre eine großartige Gelegenheit gegeben, über den unbewußten Zwang zu solchen Rechthabereien nachzudenken.
Das gleiche gilt im Religionsunterricht für jene Stunden, in denen es Schülerinnen und Schüler wagen, eigene religiöse Positionen abweichend vom Bekenntnis oder gar Christentum vorzutragen. Hier gilt es, einen Unterschied zwischen konfessionalistisch enggeführter Theologie und Tiefenpsychologie nicht zu beschönigen: Tiefenpsychologie ist an der Entwicklung einer gesunden Psyche interessiert, nicht an der Richtigkeit des aktuellen Bekenntnisses. Sie weiß, daß sich auch der individuelle Ausdruck der Religion eines Menschen im Verlauf seines Lebens entwickelt und verändert. Im Symbol gesagt: Für Tiefenpsychologie wird beim Jüngsten Gericht darüber geurteilt, wer einen anderen Menschen gesundgemacht hat, nicht wer ihn zum richtigen Bekenntnis geführt hat.

Spezielle Voraussetzungen

Hat der Einsatz dieses Themenheftes die allgemeine Voraussetzung der Anerkennung der psychologischen Dimension von Symbolen und allgemein religiösen aber auch theologischen Begriffen, so hat er die spezielle Voraussetzung des Interesses von Lehrerin oder Lehrer an Selbsterfahrung und Selbsterkenntnis als Erstem. So wie längst deutlich ist, daß die von Freud und Jung aufgrund ihrer Erfahrung geschaffenen Systeme psychologischen Ausdrucks Äußerungen der besonderen psychischen Struktur dieser Pioniere waren, so ist es auch deutlich, daß der Umgang mit diesen Materien, wenn eine lebendige Begegnung vermittelt werden soll, den Unterrichtenden auf Strukturen der eigenen Psyche stoßen läßt, die etwas zu tun haben mit der Zustimmung und der Ablehnung von Details oder dem Ganzen des von der Tiefenpsychologie Erarbeiteten. Lernfortschritte der Schüler hängen auf diesem Gebiet sehr deutlich von der Bereitschaft der Pädagogen zur Selbsterkenntnis ab und unterscheiden sich darin intensiv von der Vermittlung allgemein philosophischer oder theologischer Systeme. Ist bei diesen schon die eigene Betroffenheit längst als Grundlage der eigenen Aufnahmefähigkeit erkannt, so steigert sich dieses noch deutlicher auf dem Gebiet der Tiefenpsychologie: Wenn das Bewußtsein des Lehrers als Teil seiner Psyche von Psyche spricht, dann macht er mit jedem Wort und mit jedem Schweigen Aussagen über die eigene Psyche. Es empfiehlt sich, dieser Tatsache realistisch ins Auge zu sehen, sich bei der Unterrichtsvorbereitung die eigene Lebensgeschichte und Erfahrung zu verdeutlichen.

Die zweite spezielle Voraussetzung resultiert aus der Tatsache der Arbeit mit jungen Menschen, die in ihrer Entwicklung notwendigerweise an einer ganz anderen Stelle stehen. Pädagogisches Handeln ist hier sicher einerseits Wissensvermittlung, andererseits ist es aber auch vergleichbar dem Bekanntmachen mit Lebenserfahrung, die vom Bewußtsein der Schüler aufgrund des verschiedenen Lebensalters noch nicht aufgenommen werden kann. Die Arbeit ist hier einem Säen zu vergleichen, dessen Keime dann aufgehen werden, wenn die Schüler etwa das Alter des Lehrers oder eine vergleichbare Situation erreicht haben.

Die dritte spezielle Voraussetzung besteht in der Wahrnehmung der infektiösen Potenzen psychischer Inhalte: Empirische Gruppendynamik und empirische Gruppentherapie haben längst die Belege erbracht, daß psychisch bedeutsame Themen psychische Wirkungen erzeugen. Leidvolle Erfahrungen mancher Pädagogen auf diesem Gebiet sind verbunden mit leidvollen Erfahrungen ihrer Schüler, für deren Gesundheit die Schule verantwortlich ist. Die alte Vorstellung, daß Psyche eingeschlossen in den empirisch wahrnehmbaren Körper sei, läßt sich so nicht mehr aufrechterhalten. Vielmehr gleicht sie einem Kräftefeld, das zusammen mit den übrigen psychischen Kräften der Gruppe dynamische Wirkungen bei jedem Gruppenmitglied erzeugt. Der Lehrer als der Verantwortliche für Thema und Stil des Unterrichts hat dabei besondere Verantwortung, aber auch besonders schöne Möglichkeiten, seine Schüler durch ein möglichst von hemmender Angst freies Klima zu fördern.

2.2 Der Umgang mit psychologisch bedeutsamem Material im Unterricht

Allgemeiner Umgang

Da jeder Mensch jede Nacht träumt, ist die Wahrscheinlichkeit, daß Unterrichtsinhalte im Traum vor- oder nacherlebt werden, erheblich. Da obendrein jeder Schüler psychische Erlebnisse mit in die Schule bringt, ist die Wahrscheinlichkeit, daß Unterrichtsinhalte gerade konstellierte sensible Zonen berühren, erheblich. Zur Unterrichtsvorbereitung bei der Vermittlung tiefenpsychologisch bedeutsamen Materials gehört deshalb das Nachdenken, welche Wirkungen der betreffende Inhalt auf die Schüler haben kann. Es wird zum Beispiel nützlich sein in einer Klasse, deren Schüler zum Teil aus evangelikalen Gruppen kommen, sich vor Augen zu führen, daß die Behandlung der Freudschen Religionskritik bei diesen in doppelter Weise wirken könnte. Einerseits kann eine tiefe Abwehr ausgelöst werden wegen der zeitweisen Reduktion auf kollektiv zwangsneurotische Elemente. Andererseits kann aber auch Zustimmung erlebt werden, weil das darin enthaltene Gottesbild sich bei den Schülern als Gesetzgebergottesbild durchaus verifizieren läßt unter Abstreichen des Elements psychischer Krankheit.

Aussagen über ein Gottesbild sind, da diese tiefenpsychologisch nachweisbar häufig verflochten sind mit Bildern der eigenen Person und der eigenen Welt, immer Aussagen zentraler Art. Meiner Erfahrung nach empfiehlt es sich hier, wenn kein Konfliktfall gegeben ist, auf jede Wertung zu verzichten und darzustellen, wie dieses Gottesbild ein System von Folgen um sich herum und damit ein ganz bestimmtes Weltbild prägt. Sollte ein Konfliktfall gegeben sein, dann hat der oder die Unterrichtende die Aufgabe, den Schwächeren zu schützen. In diesem Fall müssen die vergewaltigenden Konsequenzen z. B. eines Gottesbildes, das andersartige Aussagen nicht gelten läßt, dargestellt und diskutiert werden. Aber auch hier ist noch die Voraussetzung zu wahren, daß selbst gewalttätige Gottesbilder Ausdrucksformen überaus sensibler Zonen der Psyche eines Menschen sind. Die Reifung eines Menschen kann erheblich geschädigt werden dadurch, daß er sich in einer Märtyrerposition einigeln muß. Ich formuliere deshalb eine zweite Regel zum Umgang mit diesen Unterrichtsinhalten.

② *Jede Aussage dieser Art verdient es, als der gegenwärtig sinnvollste Beitrag des betroffenen Menschen zu dieser Problematik gewertet zu werden. In seiner Position für den Betroffenen ist er zunächst unantastbar. In der Position in der Klasse oder im Thema ist er relativierbar.*

Ein weiteres spezielles Problem ist der Umgang mit der tiefenpsychologischen Krankheitslehre oder Nosologie. Kollektiv gesehen herrscht hier magisches Denken vor, das einerseits die unheimlichen Erscheinungen psychischer Krankheit mit Erleichterung durch eine Bezeichnung als faßbar und bannbar beschreibt, andererseits dann diese Beschreibungen allzu gern als magische Kraftworte zur Herabsetzung eines Gegners benützt. *Hysterisch* ersetzt den Ausdruck „gefährliche Hexe oder Hexer", *zwanghaft* drückt aus, daß Vergewaltigung befürchtet wird. *Depressiv* versucht, Angst vor dem Ersticken und Gelähmtwerden zu bannen, *psychotisch* gar, womöglich garniert mit dem Wort *endogen*, läßt alle Hoffnung verschwinden und gleicht dem Jüngsten Gericht. Das geht auch mit der speziellen Jungschen Terminologie: „*Animusbesetzte Frau*" ersetzt das Schimpfwort „Vamp", kastrierende Hexe und ähnliches und von einem Mann zu sagen, er sei eben ein *puer aeternus*, – ein ewiger Knabe – heißt, ihn als verläßlichen Geschäftspartner unmöglich zu machen. Diese magischen Abwehrformen des Ichkomplexes vermögen selbstverständlich, keinen verantwortungsvollen Umgang mit psychischer Struktur und schon garnicht mit psychischem Leiden im Schüler zu erreichen. Hier hilft ausschließlich, sich der eigenen „Verrücktheiten" als etwas Normalem bewußt zu sein und eigene leidvolle Erfahrungen damit auch bei anderen vorauszusetzen. Das führt konkret zu einer dritten Regel:

③ *Fachsprache hat ohne jeden wertenden Umgangston deskriptiv eingesetzt zu werden*

Spezieller Umgang

– Der Umgang mit Träumen im Unterricht

Alle kreativen Schöpfungen der Psyche eines Kindes oder eines Jugendlichen, nicht weniger als eines Erwachsenen, wollen geschätzt und ernstgenommen werden, weil sie ganz persönlicher Ausdruck ihres Ursprungs, aber auch der Beziehung zu dem sind, dem sie gebracht werden. Dabei gilt es, der bestürzenden Erfahrung der Pioniere – und hier besonders Sigmund Freuds – von der Kränkung des Bewußtseins Rechnung zu tragen, ja diese ist noch zu verschärfen: Es ist eben nicht nur eine Kränkung unseres europäischen Bewußtseins festzustellen, daß wir nicht einmal in unserem Seelenhaus die Herrschenden sind, sondern es bedeutet Angst und Erschrecken, so lange das Bewußtsein unter einem kollektiven kategorischen Imperativ steht, als Persönlichkeit nur etwas Bestimmtes sein zu dürfen bzw. dem eigenen Wunsch entsprechend sein zu müssen. Es erfordert bei unserer Erziehung mühsame therapeutische Arbeit in den meisten Fällen, es als befreiend zu entdekken, anders zu sein, als Umwelt, Überich und Ichideal es gerne hätten.

Das aber begegnet in den Träumen laufend. Deshalb gehört zum Wichtigsten des Umganges mit Träumen in der Schule das Wahrnehmen und Aufnehmen ohne gleich reden zu müssen. Lassen Sie sich Träume erzählen und hüten Sie sich vor Kommentaren. Lassen Sie Träume umschreiben, gestalten, verändern, nacherzählen, lassen Sie Einfälle sprudeln, aber halten Sie den Mund. Träume sind eben als Symbole nie eindeutig, sondern immer vieldeutig. Hüten Sie sich vor der Reaktion: Aha, da haben wir es wieder einmal, natürlich Pubertät! Ganz gewiß können Sie aufgrund Ihres Wissens und Ihrer Erfahrung Wichtiges erkennen. Aber dieses Erkennen sollte sich darauf beschränken, Träumer oder Träumerin auf die ermutigenden Stellen hinzuweisen bzw., wenn eine Gefahr erkennbar ist, dann die Schüler in allgemeiner Form bitten, darüber nachzudenken oder zu sprechen, wo ihnen erkennbar, vielleicht eine Gefahr drohen könnte. Die Schulsituation ist eben nicht vergleichbar mit der geschützten therapeutischen Situation. Schon der Therapeut hat nicht in der Hand, was jenseits der Sitzung passiert, wieviel weniger ein Lehrer zwischen Tür und Angel in der Pause bzw. im Klassengespräch.

Gestalten lassen kann alle Formen des Kreativen miteinbeziehen: Rollenspiel und dramatische Darstellung, Malen und Tanzen, Besinnungsaufsatz und Gedicht. Es gilt, sich hier selbst für höhere Stufen weiterbildender Schulen die Erfahrung der Kinder- und Jugendlichenpsychotherapie zu eigen zu machen: Die heilenden Kräfte des Unbewußten entfalten sich in diesem Alter ausnahmsweise über die bewußte rationale Durchdringung. Gestaltendes Spiel setzt diese Kräfte ebenfalls frei und macht sie ebenso dem Bewußtsein zugänglich. Ich meine, daß es bei der Heranführung der Jugendlichen an die psychischen Grundlagen des Lebens darum geht, das alte Wissen der Pädagogik wiederzugewinnen, daß im Spiel jenseits der rationalen Systeme bildhaftes Verstehen und Erkennen vorhanden ist, das in allen

Bildungsschichten genützt werden kann, wenn es nicht allzu sehr verdrängt werden mußte.

Dabei ist es dem Unterrichtenden unbenommen, mehrere Lösungsvorschläge als Möglichkeiten seiner Psyche anzubieten. Es gehört aber der Standardsatz zur Einleitung dazu: Ich nehme hier mit meinen Möglichkeiten dieses oder jenes oder noch ein mögliches Drittes wahr. Hintergrund dieser Vorsichtsmaßnahme ist die Notwendigkeit, dem Schüler, der im Gruppengeschehen der Klasse den Lehrer oder die Lehrerin unbewußt als Bewußtseinsdominanz oder Überich erlebt, selbst wenn er ihn ablehnt, freien Raum zu lassen, um sich seine eigene Meinung zu bilden. Angesichts der Tatsache, daß Träume biografisch, präkognitiv, typologisch, subjektstufig, objektstufig, archetypisch usw. sein können, gilt die Regel:

④ *Träume und Träumer interpretieren sich angemessener Weise selbst.*

Dadurch sind Hinweise auf in verschiedenen Lebensaltern typische Träume so zu plazieren, daß anwesende Träumer sich nicht des Schutzes der notwendigen Diskretion (Persona!) beraubt fühlen. Wird dieser gewahrt, kann die systematische Behandlung dieser Frage Lebenshilfe sein.

– Der Umgang mit bildhaften Gestaltungen im Unterricht aus tiefenpsychologischer Sicht

Für Bilder gilt wie für religiöse Träume, daß sie Unterrichtsstoff berühren und deshalb ganz besonders leicht unter die Kriterien des übrigen Unterrichtsstoffes fallen. Religionsunterricht bewertet – ebenso wie Zeichen- oder Musik- oder Sprachenunterricht. Dieses ist auch das gute Recht dieser Fächer. Wird allerdings die psychische Ebene mit einbezogen, dann kommt unabdingbar die Frage nach dem Stellenwert im psychischen Haushalt und damit die Frage nach der Förderung der psychischen Gesundheit eines jungen Menschen auf den Unterrichtenden zu. In jedem Fall ist eine Abstinenz auf diesem Gebiet, die klar ausgesprochen wird, besser als eine halbherzige Vermischung. Sollen aber Schöpfungen eines Schülers oder einer Schülerin auch in ihrem psychischen Stellenwert gewürdigt werden, dann gelten für diese Elemente die gleichen Kriterien wie für Träume.

Die praktische Erfahrung der psychotherapeutischen Arbeit zeigt, daß unsere Psyche sich ebenso in den spontanen Gestaltungen des Alltags wie in künstlerisch hochwertigen Schöpfungen äußert. Hier gilt als Grundlage der Arbeit wieder die Vermeidung jeden Kommentars, aber die aufmerksame und interessierte Betrachtung des Werkes. Rückfragen dienen dabei der Kontrolle der eigenen Wahrnehmung, wie auch der Zentrierung des Bewußtseins des jungen Menschen auf sein Werk. Häufig wird dabei zu erleben sein, daß das Bewußtsein des Schülers gar keine Lust hat, über den Gegenstand zu sprechen. Auch dieses ist zu respektieren, da es altem Schülerleid entspricht, daß spontane Schöpfungen durch den Unterrichtenden zerredet werden, manchmal, wie Freud es bei dem Kindertraum Leonardos von seiner eigenen Arbeit sagt, zersetzt werden analog dem chemischen Vorgang. Wodurch dann das Wort Analyse sich für einen Teil des psychotherapeutischen Umgangs mit diesen Gegenständen eingebürgert hat.

Es sollte eine bewußte Entscheidung sein, im Falle eines schweigenden Schülers dessen Widerstand zu durchbrechen und persönliche Gefühle und Meinungen zu dem betreffenden Werk zu äußern. Dabei gilt es wieder, ausschließlich persönlich zu formulieren, um dem Schüler seinen Schutz zu lassen. Es ist eine nützliche therapeutische Erfahrung, daß Widerstände dem Schutz der Persönlichkeit dienen und in der Regel Vorfahrt vor allem Richtigen und Gutgemeinten haben. Psychische Krankheit gilt eben als eine ernstzunehmende Notmaßnahme der Psyche eines Betroffenen. Entweder aufgrund der Umwelteinflüsse oder aufgrund einer falschen Haltung des Ichs bildeten sich Kompromisse zwischen dem Streben der Psyche nach Entwicklung und den hemmenden Kräften. Auch psychische Krankheit ist oft ein Schutz für den Betroffenen, der nicht einfach wegoperiert werden darf. Sicher wird sich kein Lehrer daran wagen, ohne einen fürchterlichen missionarischen Bewußtseinszwang einen Schüler etwa in einer Unterrichtsstunde heilen zu wollen; es empfiehlt sich jedoch, die Widerstände mit Diskretion und Takt zu respektieren, oder sich sehr genau zu überlegen, warum weitere Kommentare abgegeben werden. Dabei gilt es dann, sich eine andere therapeutische Erfahrung zu eigen zu machen: Wer in einen konstellierten Komplex hineininterveniert, setzt die Dynamik des Komplexes in Gang und riskiert Explosionen. Da empfiehlt es sich schon eher, das Werk als Ganzes anzusehen und sich nach den prospektiv förderlichen Elementen umzusehen, um diese dann zu unterstreichen.

Nehmen wir als Beispiel ein besonders desolates Deckblatt einer Schülerzeitung:

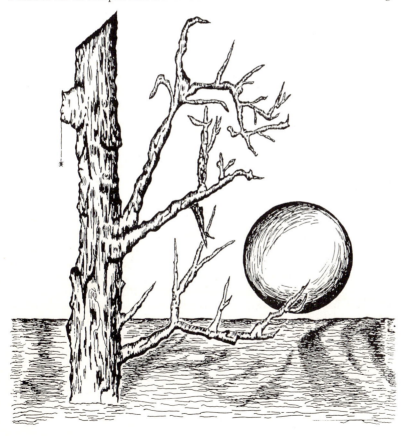

Eine Baumleiche mit rechtsseitig spitzen Ästen steht in einer wüstenähnlichen Landschaft mit vermutlich einer Sonne. Der Baum ist abgesägt und vertrocknet, die Landschaft ausgedörrt, und lebensfeindliche Sonne durchglüht die graphitfarben bis schwarze Stiftführung. Die Verzweiflung einer Generation, die meint – und das mit manchen guten Gründen – keine oder wenig Zukunft zu haben. Wer sich darüber entrüsten will, mag das tun. Wem aber daran liegt, mit dieser Generation ins Gespräch zu kommen, der bemerke die kleine Spinne als einziges belebtes Wesen, den Baum, die Wüste und die Sonne gesondert.

Neben allem Wissen um die tödliche Symbolik, die Spinnen zum Beispiel als Ausdruck destruktiver Mutterkomplexe haben können, ist hier das Gespräch darauf zu konzentrieren, daß die Spinne am Faden auch Weltschöpfungssymbolik sein kann, daß Wüstenbäume ganz überraschend ausschlagen können, daß die Wüste häufig als Symbol einer psychischen Inkubationszeit initiatorischen Charakter hat, wie der Weg Jesu in die Wüste zeigt, und daß die Sonne nicht nur Symbol einer sengenden Ratio, sondern in ihrer Kugelform auch Ganzheitssymbol und Gottesbild sein kann mit vielen schöpferischen Möglichkeiten. So würde der Unterricht zum Ausdruck der vielfältigen Möglichkeiten der Psyche, das Symbol würde zu leuchten beginnen, einfältige Dogmatik mit ihren schädlichen Wirkungen könnte vermieden werden.

Bildhaftes Gestalten erlaubt, einen auch für Träume gültigen Grundsatz zu formulieren: Alles, was zum Bild gehört, ist als Aussage der Persönlichkeit des Autors zu betrachten.

⑤ *Das Bild oder der Traum oder das Werk muß als ein Ganzes gesehen werden. Einzelheiten ohne den Gesamtzusammenhang zu analysieren, ist zerstörerisch.*

– *Der Umgang mit Aufsätzen, Gedichten, Geschichten, Märchen in tiefenpsychologischer Sicht*

Nehmen wir an, das Märchen vom Waldkönig Och würde als spontane Schöpfung eines Schülers in den Unterricht eingebracht. Der betroffene Schüler würde damit seinem Lehrer eine begründete Hoffnung vermitteln, daß er nach einer Periode tiefer Krise und tiefen Unbewußtseins auftauchen und seinen Weg gehen würde. Der Lehrer dürfte aber auch wissen, daß die Wahrscheinlichkeit groß ist, daß auf ihn das Bild des Realitätssinn fordernden Vaters, des magischen Lehrherrn Och mit seinen verschlingenden Ansprüchen und des alten Königs übertragen werden kann. Er hätte vor sich einen Schüler, der ihm die Stadien des verschlafenen Spätzünders, des dumpfen Faulpelzes, des widerwilligen Lehrlings und des jungen, konkurrierenden Helden, der mit Tricks und List die Väter in die Ecke zu stellen weiß, aber auch den dankbaren Sohn vorstellt. Die Aufgabe des Lehrers ist in diesem Fall aufmerksames Hören und Gelassenheit. Das ruhige Wissen, daß sein Schützling einen Weg gehen muß, auf dem sich zwar viel Unangenehmes ereignen kann, bei aufmerksamer Förderung aber der Entwicklungsfunke anspringt. Obendrein kann sich der Lehrer – bei entsprechendem Verhalten – entlasten sowohl von der berauschenden Allmachtsfantasie, ein Waldkönig Och sein zu müssen, als auch von der deprimierenden Rolle des stupid Arbeit fordernden Realitätstyrannen. Beides sind Komplexe der Psyche des Verfassers, für die der Lehrer als Außenweltfaktor den Anstoß liefert.

Nehmen wir nun umgekehrt an, der Lehrplan erfordere die Behandlung des Märchens, so lassen sich zwar einige interessante private Vermutungen über die psychische Struktur der Verfasser des Lehrplans anstellen, für den Unterricht ergibt sich die Aufgabe, das Märchen im Werden der ostslawischen Völker z. B. als Ausdruck einer kollektiven psychischen, in diesem Fall vorzugsweise männlichen Struktur zu verstehen. Schüler erhalten dadurch eine wichtige bewußte und kulturelle Horizonterweiterung einerseits, andererseits wird das Märchen als unbewußtes Muster dort seine Kraft entfalten, wo ein Schüler individuell von ähnlichen Strukturen betroffen ist. Das Märchen wird dann zur Vermittlung des Wissens, wie nach alter Erfahrung der Werdegang eines jungen Mannes mit einem schwachen Vater als Vorbild erfolgt: Er muß den Weg bis zum archetypischen Vaterbild Ochs zurückgehen und darf diesem nicht als ewiger Sohn und Lehrling verhaftet bleiben, weil er sonst selbst als Vater untauglich ist. Bei der Behandlung des Märchens, das ich hier als Beispiel wähle, ist dann darauf zu achten, daß die Schüler nicht mit irgendwelchen psychologischen Schemata eingeengt werden, sondern daß der psychologische Sachverhalt in der Sprache des Märchens zum Sprechen kommen kann. Sollte dennoch Wunsch oder Aufgabe bestehen, psychologische Kunstsprache einzuüben, sollten nicht dichterische Werke in der oben genannten Weise zersetzt und damit ihres Lebens beraubt werden. Psychologisch gesehen kann Schülern auf diesem Gebiet nichts Schlimmeres zustoßen, als daß mit oberflächlicher psychologischer Interpretationsakrobatik der wertvolle Niederschlag psychischen Lebens zerstört wird.

Ochs selbst repräsentiert archetypische Lehrerstruktur. Wer als Unterrichtender dieses Märchen seinen Schülern zur Bearbeitung vorlegt, konfrontiert diese auch in heilsamer Weise mit Gefahren der Lehrer- und Helferpsyche: Unversehens kippt die Rolle des helfenden Wissenden mit initiatorischer Aufgabe in ihren Schatten und es erscheint der dämonische Zauberer, der seinen Sohn festhalten will. Im praktischen Vollzug äußert sich dieses z. B. in der Enttäuschung über abweichende Meinungen der Schüler bzw. im Versuch, diese auf bestimmte Lebenswege zu fixieren. Wer die Organisation psychischen Lebens kennt, wird darüber nicht erschrecken: Es ist die notwendige Reaktion, die dem heranwachsenden Menschen zeigt, in welche Gefahr ein Nesthocker gerät, und gleicht der Austreibungsphase bei der Geburt. Aus diesem Grund ist es lebensnotwendig, daß ganzheitliche Interpretation auch negativ empfundene Möglichkeiten ins Blickfeld des Bewußtseins rückt. Einseitig positive Darstellung wäre ein Indiz für unverarbeitete Paradiesessehnsüchte bei Lehrer oder Lehrerin. Es gilt deshalb die 6. Regel:

⑥ *Die tiefenpsychologische Dimension der Textinterpretation erfaßt immer auch den Schatten, die negativ empfundene Seite eines Textes und stellt diese im Rahmen ihrer psychodynamischen Notwendigkeit dar.*

– *Der Umgang mit Meditationsinhalten in tiefenpsychologischer Sicht.*

Das Unbewußte der Schüler äußert sich selbstverständlich genauso im Unterricht, wenn meditative Elemente verwendet werden. Abgesehen davon, daß sich hier wie bei gruppendynamischen Übungen jedes Element von gewalttätiger Verordnung verbietet, weil damit schützende Widerstände der Schüler mißachtet und durchbrochen würden, gelten hier selbstverständlich die gleichen Regeln wie bei allen anderen Äußerungen des Unbewußten. Allerdings möge sich der Lehrer in Erinnerung rufen, daß das Bewußtsein im Rahmen der Gesamtpersönlichkeit oft vergleichbar ist mit einem Sonnenflecken auf der Gesamtsonne. Aus therapeutischer Sicht empfiehlt es sich nicht, spielerisch Sonneneruptionen zu provozieren, weil es der Lehrplan oder der Ehrgeiz des Pädagogen befahl. Es könnte sonst Schüler und Lehrer gehen wie den Spartanern an den Thermopylen. Therapeutisch gesehen hat der Unterricht nicht die gewaltigen Kräfte des Unbewußten anzuzapfen, sondern auf der bewußten Ebene junge Menschen mit den Erfahrungen voriger Generationen bekannt zu machen und dem Bewußtsein Mittel an die Hand zu geben, sich im psychischen Kosmos wie auch im übrigen Universum zurechtzufinden. Eines dieser Mittel ist mit Sicherheit eine sorgfältige und bedachte Einführung in den meditativen Umgang mit psychischen Inhalten, die vorgegeben sind, aber auch solchen, die dadurch aufsteigen, daß ihnen in der Meditation ein freier Raum gewährt wird. Meiner Erfahrung nach wirkt es sich dabei besonders fördernd aus, wenn Schüler diese Erfahrungen gestalten können. Sei es durch Bilder oder durch Aufschreiben von Geschichten oder mimischen Darstellungen. In jedem Fall sollte die Möglichkeit bestehen, darüber zwanglos zu sprechen. Es ist selbstverständlich, daß diese Schöpfungen im Besitz der Schüler bleiben, unter die Schweigepflicht des Lehrers anderen Lehrern gegenüber fallen und nicht benotet werden. Ein im Unterricht besonders gut zu verwendendes Mittel ist das Malen zu Musik, weil die Vorbereitungen technischer Art gering sind. Eine dabei häufig zu beachtende Störung der Lehrerpsyche macht sich durch den Drang, zu diagnostizieren, bemerkbar. Diese Störung verbirgt meist ein Element der Gegenübertragung und läßt ahnen, daß der oder die Unterrichtende selbst mit dem betroffenen Problem zu tun hat, vorausgesetzt, daß es sich nicht um einen Anfall von „Doktor Allwissend" handelt. Diagnosen ängstigen wegen ihres pseudowissenschaftlichen Anstrichs besonders. Sollten wirklich besorgniserregende Elemente, z. B. Sucht oder Selbstmordkomponenten wahrgenommen werden, die dem erfahrenen Pädagogen häufig direkt ins Auge springen, dann empfiehlt es sich, ein Nachgespräch anzubieten, und darin die bedrohlichen Elemente vom Schüler selbst konkret benennen zu lassen. Die Schülerin oder der Schüler hat dann die Möglichkeit, das Angebot anzunehmen oder es zu vergessen.

⑦ *Meditative Übungen sind ein ausgezeichnetes Mittel, um das Übergewicht technisch rationalen Denkens auszugleichen. Sie sind dem Rahmen der schulischen Umgebung angepaßt einzusetzen.*

– *Zum Umgang mit psychisch bedingten Konfliktsituationen in der Schule aus tiefenpsychologischer Sicht*

Wie Träume, Geschichte, Gedichte, meditative Elemente usw. erzählen auch Konflikte Wichtiges über das Unbewußte von Einzelnen, ganzen Klassen und ganzer Schulen. Von der Gesellschaft ganz zu schweigen. Mir fällt dabei auf, daß es uns sehr leicht fällt, Störungen jener Abläufe zu erfassen, die unseren Zielen entgegengesetzt sind. Tiefenpsychologische Forschung und therapeutische Erfahrung bitten aber zu bedenken, daß ein gestörtes Ich mit seinem Bewußtsein seine eigene Störung als normal empfindet. Ich veranschauliche dieses mit einem Beispiel: Schule hat das Ziel, zu schulen und zu lehren. Schüler haben zu lernen. Meinen Kollegen und mir fallen in der letzten Zeit immer wieder ehemalige Schüler auf, die im Sinn der Lehrpläne glänzende Schulleistungen erbracht haben, aber menschlich und existentiell überaus gestört sind und zunehmend Hilfe brauchen. Mit anderen Worten: Die Neurose des Schulversagers ist leicht zu diagnostizieren, die Neurose in der Schule überaus Erfolgreicher wird entweder nicht wahrgenommen oder, wenn sie mit den geforderten Leistungen synchron geht, ignoriert. Höchstleistungen sind oft Zeichen besonderer Begabungen. Sie können aber auch oder gleichzeitig Hilfeschreie verzweifelter Kinder sein, die sich nur aufgrund ihrer Leistungen ein wenig Anerkennung oder Befreiung von Angst erkämpfen.

Der Umgang mit Konflikten ist in der Schule deshalb so problematisch, weil alle Mitglieder des gleichen psychischen Systems sind. Es gilt dabei festzuhalten, was auch auf der Straße im Autoverkehr gilt: Der Erste-Hilfe-Kasten ist mitzuführen und anzuwenden. Die Schule kann aber keine psychosomatische Klinik oder therapeutische Praxis ersetzen. Erste Hilfe bedeutet hier: Aushalten des Konfliktes in der Klasse und Behandlung unter den oben vorgegebenen Regeln. Dazu Schüler-, Eltern- und Kollegengespräche, die das Ziel haben zu klären, ob es sich um einen Aktualkonflikt aus der Schule oder um eine Störung handelt, die die Heranziehung von Spezialisten, Beratungsstellen, Therapien usw. erfordert. Für den Aktualkonflikt gilt dabei als Goldene Regel die Selbsterkenntnis derer, die die Macht in der Hand haben: der Pädagogen; aber auch das Bewußtmachen jener schmerzlichen Leiden, die das gesellschaftlich bedingte System der Staatsschulen bewirken. Das bedeutet konkret, daß Schüler durch ein System auch verrückt gemacht werden können. Spätestens seit Rousseau wissen wir, daß das ursprüngliche Lernen des archaischen Menschen dort vollends unmöglich gemacht wird, wo die Schule zur Produktionsstätte bestimmter Menschen bestimmter Bauart im Sinn etwa wirtschaftlicher Bedürfnisse wird. Motivieren statt Reglementieren wäre doch wohl das pädagogischere Mittel?! Es wird für den im schulischen Bereich engagierten Tiefenpsychologen auffällig viel und gern vom Unbewußten der Schüler gesprochen. Viel weniger vom Unbewußten der Schule und ihres Systems. Dieses aber ist genau der Punkt, an dem Schulleitung und Lehrer im Konfliktfall kompetent sind. Um ein Beispiel zu nennen: Viele Schüler lernen bis in die Abiturklassen aus Liebe zum Lehrer oder der Lehrerin. Auch später wird Liebe zu Vorgesetzten immer wieder zum Motiv besonderer Leistungen. Mir scheint der Schüler, der Leistungen versagt, weil er sich nicht geliebt fühlt, gesünder als eine lieblose und liebesunfähige Schule. Es gilt deshalb abschließend für die Beschäftigung mit Tiefenpsychologie im schulischen Bereich eine Regel, die auf allen Gebieten gleich ist:

⑧ *Das Heilmittel der Wahl im Konfliktfall in der Schule ist Selbsterkenntnis. Der gestörte Schüler ist als Symptom einer neurotisch reagierenden Klasse oder Schule aufzufassen. Hilfe muß auf beiden Seiten – sowohl bei der Schule als System wie auch beim Schüler – ansetzen.*

Gert Sauer

3 Didaktischer Kommentar zu den einzelnen Blöcken des Unterrichts-modells

3.1 Block A: Das Unbewußte

Dieser thematische Block ist insofern von großer Bedeutung, als er in grundsätz-licher Weise für das Thema sensibilisieren soll und gleichzeitig die erkenntnistheo-retischen Voraussetzungen zu klären hat. Das Unbewußte ist per definitionem nicht bewußt, das heißt es beschreibt einen Gegenstand, der unseren normalen Erkenntnisorganen im Prinzip nicht zugänglich ist. Streng genommen scheint das Unbewußte sich dadurch einer wissenschaftlichen Behandlung zu entziehen. Die Universitätspsychologie hat von daher die Tiefenpsychologie weitgehend aus ihrem Interessengebiet ausgegliedert. Die sich hier manifestierende „wissenschaft-liche", besser „positivistische" Sichtweise ist auch bei Schülern weitverbreitet. Von daher ist es notwendig, den Schritt hinter die Fassade des Beobachtbaren zu machen und sich eine hermeneutische Sichtweise anzueignen. Dies fällt Schülern und manchmal auch Lehrern nicht immer ganz leicht. Wenn die damit gesetzten Fragen aber nicht ausgeräumt sind, werden sie – und sei es als Abwehrmechanis-mus – immer wieder störend in späteren Phasen des Unterrichts auftauchen. *Tiefenpsychologie* geht davon aus, daß es unter der Oberfläche des Beobachtbaren psychische Phänomene, Prozesse ablaufen, die, wenn man sie rekonstruieren kann, *sinnhaft* sind, und dadurch Beobachtbares *erklären* können.

A/1 Fehlleistungen

Ausgangspunkt sind dabei Erfahrungen, in denen der Mensch feststellen muß, daß er „nicht einmal Herr im eigenen Haus ist" (Freud), das heißt, daß ihm Dinge pas-sieren, die er bewußt nicht gewollt hat. Freud hat in dem Bändchen (Fischer-Tb 6079) „Zur Psychopathologie des Alltagslebens" eine Fülle von Material zu so-genannten „Freud'schen Fehlleistungen" zusammengetragen und erklärt. Hier fin-den sich über das angegebene Beispiel hinaus zahlreiche frappierende Fälle dieser Art. (z. B. als möglicher Schülerbeitrag!)

A (Z) 2 Das Assoziationsexperiment

C. G. Jung experimentierte ab 1903 mit einem Wortassoziationstest. Dabei konnte er wissenschaftlich ein Phänomen erklären, das schon aus der Antike überliefert ist:

*   *Lukian* erzählt von einem psychologischen Versuch, den der Arzt *Erasistratos* schon vor 22 Jahrhunderten gemacht hat:

    Meines Dafürhaltens war es dieselbe Stratonike, welche von ihrem Stiefsohne geliebt wurde, was durch den Scharfsinn eines Arztes an den Tag kam. Als jenen die unglückliche Leidenschaft befiel, welche ihm selbst schändlich zu sein dünkte, war er trostlos und verfiel in eine langwierige Krankheit. So lag er zwar ohne Schmerzen, aber seine Farbe änderte sich gänzlich, und sein Körper welkte sichtbar hin. Der Arzt, da er kein wahrnehmbares Leiden an ihm fand, erkannte, daß seine Krankheit die Liebe sei. Denn es zeigten sich mehrere Zeichen einer geheimen Liebe, die matten Augen, die schwache Stimme, die blasse Farbe und die verstohlenen Tränen. Dies merkend, ging er also zu Werke: Er legte seine rechte Hand auf das Herz des jungen Mannes und ließ alle, die im Hause waren, herbeikommen. Einer trat um den andern herein, und der Kranke blieb ganz ruhig. Als aber seine Stiefmutter erschien, wechselte er die Farbe, der Schweiß brach ihm aus, alle seine Glieder zitterten, und das Herz pochte heftig. Diese Erscheinungen machten dem Arzte die Liebe vollends klar, und er heilte ihn nun auf folgende Weise…

zit. nach: C. A. Meier, Die Empirie des Unbewußten. Mit besonderer Berücksichtigung des Assoziationsexperiments von C. G. Jung. Stuttgart/Zürich 1968, S. 108

Die seelische Befindlichkeit drückt sich demnach in sichtbaren somatischen Reaktionen aus. Wie bei den Freud'schen Fehlleistungen lassen sich sichtbare Erscheinungen durch die Rekonstruktion unbewußter Faktoren sinnvoll einordnen. Angeregt durch die Ergebnisse seiner Experimente suchte Jung den Kontakt zu Freud, weil er in den Entdeckungen beider Parallelen sah. Die Grundprinzipien des Assoziationsexperiments finden übrigens auch im sogenannten „Lügendetektor" Anwendung.

Der Traum A/3

Es geht an dieser Stelle darum, zu verdeutlichen, daß erst die Arbeit mit den Träumen, die frühere vorwissenschaftliche Überlegungen aufnimmt und systematisiert, wie dies etwa in Freuds Klassiker „Die Traumdeutung" (1900) geschieht, eine planmäßige Erforschung des Unbewußten zuläßt. Nicht umsonst bilden die Träume auch den zentralen Gegenstand der analytischen Bemühungen in der Psychotherapie. Die Möglichkeit, sinnvoll mit den eigenen Träumen umzugehen, wird in Kapitel IV angesprochen. An dieser Stelle wollen wir vor allem die verschiedenen Zugangswege zum Unbewußten offenlegen. Natürlich gibt es neben den genannten Möglichkeiten noch zahlreiche Manifestationen des Unbewußten. So lassen sich viele Werke der bildenden Kunst (z. B. Max Ernst, Salvatore Dali) als Gestaltungsformen des Unbewußten erkennen. Es kommt am Anfang unseres Kurses aber erst einmal darauf an, die erkenntnistheoretischen Voraussetzungen zu akzeptieren. Wenn eine gewisse Sensibilität für Manifestationen des Unbewußten einmal gegeben ist, wird es leicht sein, überall Belege für diese Theorie zu finden.

3.2 Block B: Sigmund Freud – der Begründer der Psychoanalyse

Zur Biografie

Der Einstieg über die Biografie bringt Vor- und Nachteile mit sich. Auch in der Oberstufe fällt es den Schülern leichter, sich mit Inhalten auseinanderzusetzen, wenn sie den biografischen Hintergrund kennen. Eine Schwierigkeit ergibt sich daraus, daß der Lebenslauf eigentlich besonders an den Stellen interessant ist, wo er die wissenschaftlichen Entdeckungen präsentiert. Diese wiederum sind meist nicht ohne weiteres verständlich. So waren Versuche, zu Beginn der Einheit mittels eines Schülerreferats die wichtigsten Lebensdaten zu vermitteln, aus den oben angegebenen Gründen meist recht enttäuschend. Wir halten es von daher für besser, nur kurz die Lebensdaten anzugeben und einige qualitative Aussagen dann an passender Stelle einzuschieben. Für einen ersten Überblick kann der folgende kurze Lebenslauf dienen:

❖ *Zeittafel*

1856 6. Mai: Sigismund Freud (er änderte mit 22 Jahren seinen Vornamen in Sigmund) geboren. Dem Brauch entsprechend erhielt er auch einen jüdischen Vornamen: Schlomo. Sein Geburtsort, Freiberg in Mähren, heißt heute Příbor. Sein Vater, Jacob Freud, der zu jener Zeit 41 Jahre alt ist, hat zwei Kinder aus erster Ehe, Emanuel und Philipp. Philipp hat einen Sohn John, der ein Jahr älter ist als Sigismund (sein Onkel) und der etwas später sein bevorzugter Spielkamerad sein wird. Die Mutter von Sigismund ist 21 Jahre alt, und Sigismund ist ihr erstes Kind. Jacob Freud ist ein Stoffhändler. Eine Familienlegende, die aber sehr wenig gesichert erscheint, will wissen, daß die Freuds aus Köln stammen.

1859 Die Wirtschaftskrise ruiniert Jacobs Geschäft. Die Familie richtet sich 1860 kärglich in Wien ein.

1865 Sigmund tritt ins Gymnasium (Lyzeum) ein (ein Jahr früher als üblich).

1870 Er erhält das vollständige Werk von Ludwig Börne; die Lektüre hat einen großen Einfluß auf ihn.

1872 Eine Fotografie zeigt uns Freud: soigniert, ernsthaft, ein wenig aufgeblasen, mit einem sprießenden Schnurrbart, erinnert er in nichts an seine späteren Porträts. Er kehrt nach Freiberg zurück, um dort seine Ferien zu verbringen.

1873 Er besteht das Abschlußexamen der Schule summa cum laude. Man beglückwünscht ihn zu seinem deutschen Stil. Er hat schon viel und in mehreren Sprachen gelesen. Unter dem Einfluß seines Freundes Heinrich Braun plant er zunächst, Jura zu studieren. Er entscheidet sich dann jedoch für das Medizinstudium, nachdem er die Goethe zugeschriebenen Abhandlungen „Über die Natur" kennengelernt hat.

1874 Auf der Universität entdeckt er bereits antisemitische Vorurteile und findet, daß sein Platz „in der Opposition" sei. Er hört Vorlesungen bei Brentano.

1875 Reise nach England, nach Manchester, zu seinem Halbbruder Philipp und seiner Nichte Pauline.

1876 Erste persönliche Forschungen in Triest über die Geschlechtsdrüsen der Aale. Er tritt in das Laboratorium von Brücke ein.

1877 Er veröffentlicht das Resultat der anatomischen Arbeiten über das zentrale Nervensystem einer Neunaugenlarve.

1878 Im Verlauf seiner Forschungen im Laboratorium von Brücke nähert er sich der Entdeckung des Neurons (1891 von Waldeyer so genannt). Er verbindet sich freundschaftlich mit Josef Breuer, der vierzehn Jahre älter ist als er und ihm moralisch und materiell hilft (häufige Darlehen).

1879 Er hört (ohne Enthusiasmus) die psychiatrischen Vorlesungen von Meynert. Er interessiert sich für nichts anderes als den neurologischen Aspekt der Fragen.

1880 Ein Jahr Militärdienst. Breuer unternimmt die Behandlung von Bertha Pappenheim (Anna O.). Freud übersetzt vier Essays von John Stuart Mill. Er will dem Engagement der medizinischen Praxis entgehen und faßt eine Karriere in Forschung oder Lehre ins Auge.

1881 Er besteht (verspätet) die medizinischen Abschlußexamina.

1882 Er muß sich dem Rat seiner Freunde und Lehrer unterwerfen: ohne matriellen Rückhalt kann er keine Karriere als Forscher machen. Er würde zu lange auf einen freien Lehrstuhl warten müssen. Er hat Martha Bernays (aus einer jüdischen Intellektuellenfamilie) kennengelernt und will sie heiraten; er muß seinen Lebensunterhalt verdienen. Im November erzählt ihm Breuer von dem Fall der Anna O., deren Behandlung seit Juni unterbrochen ist. Freud ist erstaunt, interessiert, aber nicht beeinflußt.

1883 Die Allgemein-Medizin langweilt ihn, er kennt nichts Besseres als die Neurologie. Er wird Assistent von Meynert (Psychiatrie). Er ahnt die Rolle des Wunsches in der „Amentia" von Meynert, aber diese zufällige Wahrnehmung paßt nicht in die Richtung seiner Vorstellungen.

1884 Mit einer Studie über Kokain betraut, entdeckt er dessen analgetische Eigenschaften, ahnt die schmerzlindernden Eigenschaften, beachtet sie jedoch nicht weiter. Carl Koller wird sie später studieren und damit großen Erfolg haben. Das ändert nichts an ihren guten Beziehungen; Freud benutzt fahrlässig das Kokain für sich selbst. Da er keine Disposition zur Rauschgiftsucht hat, leidet er nicht darunter und ist sich der Gefahr nicht bewußt. Er richtet aber einigen Schaden in seiner Umgebung an. Als er seinen Freund Ernst von Fleischl, der Morphinist ist, heilen will, verursacht er eine Kokainsucht und verschlimmert seinen Fall. Man kritisiert ihn in medizinischen Kreisen. Er unternimmt es, die „nervösen" Krankheiten durch Elektrotherapie zu behandeln. Er wendet die Methode von Wilhelm Heinrich Erb an. Gleichzeitig hat er eine Methode zur Färbung von neurologischen Schnitten vervollkommnet und veröffentlicht hierüber einen Artikel sowie eine Monographie über die Kokapflanze. Er will durch eine Entdeckung bekannt werden.

1885 Kurze Zeit hat er einen Posten in einer Privatklinik inne, wo gelegentlich mit Hypnose gearbeitet wird. Im April zerstört er seine Aufzeichnungen. Er denkt einen Augenblick daran, auszuwandern, um seine Situation zu verbessern. Er wird Privatdozent und erhält kurz darauf ein Stipendium für eine Studienreise. Er beschließt, nach Paris zu gehen – zu Jean-Martin Charcot in die Salpêtrière. Dort beobachtet er Fälle von Hysterie und die Auswirkungen der Hypnose und der Suggestion. Charcot macht auf ihn großen Eindruck. Freud bietet ihm an, seine Vorlesungen zu übersetzen, und wird angenommen.

1886 Er verläßt Paris, um nach Berlin zu gehen, wo er sich für die Neuropathologie des Kindes interessiert. Wieder in Wien hält er sich im Institut für Kinderkrankheiten auf. Er hält eine Konferenz über die Hysterie ab und berichtet, was er bei Charcot gesehen hat: man nimmt es schlecht auf. Er eröffnet seine Privatpraxis am Ostersonntag. Im September heiratet er Martha Bernays. Er veröffentlicht eine Übersetzung der «Leçons sur les maladies du système nerveux, III» von Charcot.

1887 Ohne die Elektrotherapie aufzugeben, beginnt er, die Hypnose einzusetzen. Geburt von Mathilde (Oktober). Erster Brief an Wilhelm Fließ (Dezember).

1888 Er veröffentlicht die Übersetzung des Buches von Hippolyte Bernheim: «De la suggestion et de ses applications thérapeutiques». Im Mai wendet er zum erstenmal eine von Breuer inspirierte Methode an (bei Frau Emmy von N.).

1889 Reise nach Nancy, um Bernheim und Liébault zu besuchen. Geburt von Jean-Martin, der seinen Vornamen nach Charcot erhält (Dezember).

1891 Er veröffentlicht ein Buch über die Aphasie, in dem er die Theorie der Lokalisation kritisiert. Geburt von Olivier (Oliver, nach Cromwell).

1892 Artikel über die hypnotische Behandlung. Er erreicht es, daß Breuer mit ihm zusammenarbeitet. Eine Patientin (Elisabeth von R.) gibt die Anregung zu seiner Methode der freien Assoziation. Er veröffentlicht die Übersetzung eines zweiten Werkes von Bernheim. Geburt von Ernst, benannt nach Brücke.

1893 Veröffentlichung der „Vorläufigen Mitteilung“, zusammen mit Breuer. Nekrolog auf Charcot, der am 16. August gestorben ist. Artikel über die hysterischen Lähmungen (auf französisch, im «Archive de Neurologie»). Formulierung der Theorie der traumatischen Verführung (die er vier Jahre später aufgeben muß). Geburt von Sophie.

1894 Artikel über die Abwehr-Neuropsychosen. Neue Übersetzung von Charcot («Leçons du mardi»).

1895 Veröffentlichungen über Zwangsneurose und Phobie. Erscheinen der *Studien über Hysterie*. Im Juli, in Bellevue, Analyse des Traums von Irmas Injektion. Geburt von Anna (Dezember).

1896 Er versetzt sein Auditorium in Bestürzung durch eine Vorlesung über die sexuelle Ätiologie der Hysterie. Ferien in Florenz. Tod von Jacob Freud (Oktober).

1897 Bezeichnender Traum (Ödipus, aber von Freud der Theorie des Trauma zugeordnet) im Mai. Reise nach Italien; er kommt aber über Perugia nicht hinaus (seine Identifikation mit Hannibal läßt ihn am Trasimenischen See anhalten). Entdeckung des Ödipuskomplexes (Oktober)

1898 Er bereitet die *Psychopathologie des Alltagslebens* vor und sammelt Beispiele für den *Witz*. Er veröffentlicht *Zum psychischen Mechanismus der Vergeßlichkeit*. Er beendet die *Traumdeutung* (bis auf das Kapitel VII).

1899 Erscheinen der *Traumdeutung,* vom Herausgeber auf das Jahr 1900 datiert.

1900 Beginn der Analyse von Dora (14. Oktober).

1901 *Der Traum und seine Deutung,* das *Resümee der Traumdeutung.* Er schreibt *Traum und Hysterie,* wo er über die Analyse von Dora berichtet und das erst 1905 unter einem anderen Titel veröffentlicht werden wird. Die Beziehungen zu Fließ beginnen sich zu verschlechtern. Reise nach Rom. Veröffentlichung der *Psychopathologie des Alltagslebens* (überarbeitet).

1902 Reise nach Neapel.

1903 Erste Schüler (Federn, Stekel und andere).

1904 Reise nach Athen. Er tritt in die Korrespondenz mit Eugen Bleuler in Zürich ein.

1905 *Drei Abhandlungen zur Sexualtheorie. Der Witz und seine Beziehung zum Unbewußten. Bruchstück einer Hysterie-Analyse (Dora).*

1907 Besuch von C. G. Jung (Februar). Treffen mit Karl Abraham. *Der Wahn und die Träume in W. Jensens „Gradiva".*

1908 Besuch von Sándor Ferenczi (Februar). Kongreß von Salzburg (April). Zweite Reise nach England (September).

1909 Analyse der Phobie eines fünfjährigen Knaben (der kleine Hans). *Bemerkungen über einen Fall von Zwangsneurose (der Rattenmann).* Reise nach Amerika (September) mit Jung und Ferenczi. Vorlesungen an der Clark University (Worcester, Mass.).

1910 Kongreß von Nürnberg. Gründung der Internationalen Gesellschaft. Jung ist Präsident. Veröffentlichung über Psychoanalyse (fünf Vorlesungen), die entscheidenden Vorträge in Amerika. *Eine Kindheitserinnerung des Leonardo da Vinci.*

1911 Demission von Alfred Adler. Kongreß in Weimar. Veröffentlichung des *Präsidenten Schreber* unter dem Titel *Psychoanalytische Bemerkungen über einen autobiographisch beschriebenen Fall von Paranoia.* Von 1910 bis 1912 mehrere Artikel über die Technik.

1913 Bruch mit Jung. Kongreß von München. Erscheinen von *Totem und Tabu.*

1914 *Der Moses des Michelangelo. Zur Geschichte der psychoanalytischen Bewegung.* Demission von Jung.

1915 Abfassung mehrerer Essays über Metapsychologie.

1917 *Trauer und Melancholie,* Vorlesungen zur Einführung in die Psychoanalyse.

1918 *Aus der Geschichte einer infantilen Neurose* (der *Wolfsmann*).

1919 *Ein Kind wird geschlagen. Jenseits des Lustprinzips.* Tod von Sophie Freud.

1921 Veröffentlichung von *Massenpsychologie und Ich-Analyse.*

1923 Diagnose des Lippenkrebses; erste Operation. Veröffentlichung von *Das Ich und das Es.*

1925 *Die Verneinung. Der Mann Moses und die monotheistische Religion.* Tod von Karl Abraham im Dezember.

1926 *Psychoanalyse und Medizin. Hemmung, Symptom und Angst.*

1927 *Die Zukunft einer Illusion.*

1929 *Das Unbehagen in der Kultur.*

1930 Freud erhält den Goethe-Preis (Anna Freud vertritt ihn in Frankfurt und liest dort die Dankesrede, die er geschrieben hat). September: Tod der Mutter. Zusammenarbeit mit Bullitt, um *Thomas Woodrow Wilson* zu verfassen, ein Werk, das erst 1967 veröffentlicht wurde.

1932 *Neue Folge der Vorlesungen zur Einführung in die Psychoanalyse.*

1933 Mai: Die Nationalsozialisten verbrennen Freuds Werke in Berlin.

1938 März: Der Anschluß Österreichs. Roosevelt und Mussolini intervenieren für Freud. Im Juni Abreise nach London. Freud behandelt Patienten fast bis zu seinem Tode.

1939 23. September: Freuds Tod. *Der Mann Moses und die monotheistische Religion* erscheint.

1940 *Kurzer Abriß der Psychoanalyse. Die Ich-Spaltung im Abwehrvorgang.*
1950 *Aus den Anfängen der Psychoanalyse* (Briefe an Fließ).
1951 Tod von Martha Freud. (Sie hatte alle Briefe von Freud, die an sie adressiert waren, aufbewahrt. Ein Bruchteil nur ist bis jetzt veröffentlicht.)
1954 Notizen zum *Rattenmann.*
1967 *Woodrow Wilson* (von Bullitt und Freud).

aus: Octave Mannoni, Sigmund Freud in Selbstzeugnissen und Bilddokumenten, Reinbek 1971, S. 158ff.

B (Z) 1 Freuds Selbstverständnis

Die vorgestellten Texte argumentieren biografisch. Sie betonen das „hermeneutische" Interesse Freuds, seine Welt zu verstehen und zu erklären, das neben seine durchaus vorhandene positivistisch-naturwissenschaftliche Sichtweise trat, die er besonders auch in der Zeit seiner physiologischen Forschungen entwickeln mußte. Beides verbindet sich in seinem allgemeinen Selbstbewußtsein als Forscher, der sich seiner epochalen Bedeutung bewußt war. So datierte er etwa sein Hauptwerk „Die Traumdeutung", das im Jahre 1899 erschien, auf das Jahr 1900 vor, damit es gewissermaßen ein neues Jahrhundert einläuten könne. So stellt Freud seine eigenen Entdeckungen in eine Reihe mit Kopernikus und Darwin.

* *Drei Kränkungen der menschlichen Eigenliebe*

Mit der Hervorhebung des Unbewußten im Seelenleben haben wir die bösesten Geister der Kritik gegen die Psychoanalyse aufgerufen. Wundern Sie sich darüber nicht, und glauben Sie auch nicht, daß der Widerstand gegen uns nur an der begreiflichen Schwierigkeit des Unbewußten oder an der relativen Unzugänglichkeit der Erfahrungen gelegen ist, die es erweisen. Ich meine, er kommt von tiefer her. Zwei große Kränkungen ihrer naiven Eigenliebe hat die Menschheit im Laufe der Zeiten von der Wissenschaft erdulden müssen. Die erste, als sie erfuhr, daß unsere Erde nicht der Mittelpunkt des Weltalls ist, sondern ein winziges Teilchen eines in seiner Größe kaum vorstellbaren Weltsystems. Sie knüpft sich für uns an den Namen Kopernikus, obwohl schon die alexandrinische Wissenschaft ähnliches verkündet hatte. Die zweite dann, als die biologische Forschung das angebliche Schöpfungsvorrecht des Menschen zunichte machte, ihn auf die Abstammung aus dem Tierreich und die Unvertilgbarkeit seiner animalischen Natur verwies. Diese Umwertung hat sich in unseren Tagen unter dem Einfluß von Ch. Darwin, Wallace und ihren Vorgängern nicht ohne das heftige Sträuben der Zeitgenossen vollzogen. Die dritte und empfindlichste Kränkung aber soll die menschliche Größensucht durch die heutige psychologische Forschung erfahren, welche dem Ich nachweisen will, daß es nicht einmal Herr im eigenen Hause, sondern auf kärgliche Nachrichten angewiesen bleibt von dem, was unbewußt in seinem Seelenleben vorgeht. Auch diese Mahnung zur Einkehr haben wir Psychoanalytiker nicht zuerst und nicht als die einzige vorgetragen, aber es scheint uns beschieden, sie am eindringlichsten zu vertreten und durch Erfahrungsmaterial, das jedem einzelnen nahegeht, zu erhärten. Daher die allgemeine Auflehnung gegen unsere Wissenschaft, die Versäumnis aller Rücksichten akademischer Urbanität und die Entfesselung der Opposition von allen Zügeln unparteiischer Logik.

Sigmund Freud, Vorlesung zur Einführung in die Psychoanalyse, Stud. Ausg. Bd. 1, Frankfurt/M. 1969, S. 293f.

Ein berühmter Fall aus Freuds Anfangszeit B/2

Es gehört zum Konzept dieses Heftes, Tiefenpsychologie nicht nur als eine Art Erkenntnistheorie zu verhandeln, sondern auch den anwendungsbezogenen Aspekt mitzuberücksichtigen.

Beim vorliegenden Beispiel handelt es sich um eine Analyse, die Josef Breuer durchgeführt hat, die in der psychoanalytischen Theoriebildung eine wichtige Rolle gespielt hat. Deutlich wird hier, wie die Störungen der Patientin (Hysterie) verursacht sind durch *unbewußte*, weil verdrängte Gefühlsregungen. In dem Maße, wie es gelingt, diese bewußt zu machen, bessert sich der Zustand der Patientin. Wenn auch Freud später von der Hypnose als Methode abrückt, so bleibt doch das grundlegende Prinzip von Heilung erhalten, das sich später in dem Satz niederschlägt: „Wo *Es* ist, soll *Ich* werden.", das heißt durch die *Bewußtmachung* der störenden, weil verdrängten Erinnerung, wird die Überwindung der Krankheit möglich.

Das Beispiel zeigt sehr schön die Ambivalenz in der Beziehung von Anna O. zu ihrem Vater. Die Situation am Krankenbett des Vaters aktualisiert offensichtlich, eine nicht geglückt verlaufene ödipale Situation (vgl. Das Psychoanalytische Phasenmodell Schülerheft S. 7f.), d.h. eine „Verliebtheit" gegenüber dem Vater. Da dieser Triebimpuls nicht zugelassen werden kann, sondern nicht einmal bewußt werden darf, wirkt die psychische Energie in diesem Fall symptombildend. Das ist schön sichtbar, wo der *Arm*, der sich möglicherweise dem Vater nähert, zur *Schlange* wird (vgl. Gen 3) und die „Bestrafung" gleich auf dem Fuße folgt, indem der Arm „einschläft", d.h. vom Gefühl abgetrennt wird. Ähnlich die Reaktion gegenüber der Tanzmusik, die sie vom Bett wecklockt, die Ambivalenz, einerseits bei den tanzenden Leuten sein zu wollen, andererseits beim Vater bleiben zu müssen, wird dadurch gelöst, daß sie selbst die Krankheit des Vaters *übernimmt* und dann natürlich nicht mehr tanzen gehen kann.

Zur Einsicht der Psychoanalyse gehört es u.a., daß die Krankheitssymptome nicht beliebig sind, sondern ihrerseits wieder etwas aussagen über die psychische Situation. Ihre „Sprache" zu verstehen, ist Teil der psychoanalytischen Wissenschaft.

Als Anmerkung zu dem Fall sei an dieser Stelle noch darauf hingewiesen, daß Breuer die Analyse abrupt abbrach, als ihm klar wurde, daß diese eine erotische Färbung bekam. Freud erklärt diese „Übertragungsliebe" als Teil des analytischen Prozesses, der häufiger auftritt, dem der Analytiker standzuhalten bzw. den er ebenfalls als „Symptom" zu bearbeiten hat, in der Einsicht daß diese Gefühle „eigentlich" nicht ihm gelten sondern eine „Wiederholung" darstellen.
(Hierzu vgl. Ernest Jones: Sigmund Freud. Leben und Werk Bd. 1. München 1984 (dtv) S. 266–271)

Freuds Methode: Erinnern, Wiederholen, Durcharbeiten B/3

Freud knüpft hier an dieselbe Beobachtung an, die Jung beim Assoziationsexperiment auffällt: *das bewußt gesteuerte Reden* wird durch Amnesien bzw. scheinbar störende Gedanken beeinträchtigt. Gerade diese „Störungen" weisen den Weg zu dessen Ursprung, dem Komplex. Der Analytiker kann durch seine Deutungen bei der Rekonstruktion des Ereignisses, das hierfür ausschlaggebend war und meist in der Kindheit liegt, behilflich sein und damit die Bewußtmachung fördern.

B/4   Die Struktur der seelischen Persönlichkeit nach S. Freud

Freud unterscheidet in seiner Systematik (der sog. zweiten Topik) drei Instanzen: Das *Es* steht für das Unbewußte, das *Ich* für das Bewußtsein, das *Über-Ich* bildet eine Art internalisierte Kontrollinstanz für das Ich, gewissermaßen das Gewissen. Entwicklungspsychologisch bildet sich das Ich aus dem Es.

Für den Unterricht ist es hilfreich, sich das Zusammenspiel der Instanzen an einem Beispiel zu verdeutlichen. Während einer Schulstunde kommt es bei einem Schüler zu einem Triebimpuls (z. B. das Gefühl „Ich habe Hunger."). Das Über-Ich wird signalisieren, was die Schulordnung bzw. die an der Schule herrschende Konvention dazu sagt, nämlich, daß das während des Unterrichts eigentlich untersagt ist. Das Ich wird nun die Umweltbedingungen zu prüfen haben, nach innen: wie dringend ist die Nahrungszufuhr, nach außen: wird es der Lehrer bemerken, läßt es die Situation zu (Klassenarbeit?) welche Konsequenzen wird eine Entdeckung durch den Lehrer haben etc. Danach wird das Ich die Entscheidung zu treffen haben, ob es dem Triebimpuls des Es nachgibt und das Brot herausholen läßt oder ob es den Einwänden des Über-Ich nachgibt und den Wunsch für diesen Moment abweist.

Freuds Skizze verdeutlicht die zentrale Stellung des Ich innerhalb des psychischen Apparates. Von der Außenwelt wie auch aus dem Innern werden Impulse wahrgenommen (W-Bw), davon bleiben viele vorbewußt (denken wir nur an die Bilderflut während einer Autofahrt!). Die wichtigeren Mitteilungen, die nicht nur routinemäßige Reaktionen erfordern, laufen über das Ich, das dann *bewußte* Reaktionen und Entscheidungen veranlaßt. Je nach Persönlichkeitsstruktur wird die Autonomie des Ich durch die Wirkmächtigkeit des Über-Ich beeinflußt, d. h. dessen Anspruch, Dinge im Sinne der Konvention zu entscheiden, ohne sie einem abwägenden Urteil des Ich vorzulegen, kann den Spielraum des Ich entscheidend einengen. Die Beziehung zwischen Es und Ich wird vor allem dadurch bestimmt, daß das Es neben dem Triebleben auch Inhalte enthält, die, weil sie in einer bestimmten Situation nicht bewußtseinsfähig waren, verdrängt wurden. Auf diese Inhalte hat das Ich keinen Zugriff, sie wirken geradezu am Ich vorbei. Dabei bleibt es immer das Ziel, dem Ich gegenüber den anderen Instanzen, aber auch der Umwelt, ein Höchstmaß von Autonomie zu verschaffen.

B/5   Das psychoanalytische Phasenmodell

Freuds Beobachtungen zur kindlichen Entwicklung sind aus mehreren Gründen von Bedeutung:

Einmal beschreibt er, was für seine Theorie konstitutiv ist, die Rolle der kindlichen Sexualität. Dies verletzte besonders in der Zeit ihrer Entdeckung zahlreiche Tabus. Auf der anderen Seite wird deutlich, daß gerade die Jahre, in denen das Kind noch nicht richtig „vernünftig" ist, offensichtlich die Matrix für das spätere Leben prägen. Von daher muß auch die Psychoanalyse in diesen frühen Bereich zurückfragen, um hier das „Kindheitstrauma" als eigentliche Ursache der späteren Neurose ausfindig zu machen (vgl. D/1).

22

Das folgende Schema gibt eine Zusammenfassung des Textes. Wir haben dabei die Altersangaben aufgrund eigener Beobachtungen zum Teil leicht nach oben hin korrigiert sowie für Interessenten die Neurosetypen bei nicht befriedigend verlaufender jeweiliger Phase eingearbeitet.

(nach Fritz Riemann, Grundformen der Angst, München/Basel 1975)

Bezeichnung	Zeitdauer	Besonderheiten	Neuroseform bei gestörtem Verlauf
orale Phase	erstes Lebensjahr	Kinder stecken alles in den Mund	Schizoidie Depression
anale Phase	zweites bis drittes Lebensjahr	Betonung des Analen, z.B.: Wo und wie machen die Tiere „Aa"? Wo hat das Auto seinen Auspuff?	Zwanghaftigkeit
phallische (ödipale Phase)	drittes bis fünftes Lebensjahr	Betonung des Genitalen, auch als Zeichen der Geschlechtsidentität. Besondere Hinwendung zum gegengeschlechtlichen Elternteil.	Hysterie
Latenzphase	bis zur Pubertät	Zurücktreten der sexuellen Thematik	

Freuds Schwergewicht lag auf der Erforschung und Behandlung von Hysterien und zum Teil auf Zwangsneurosen, das heißt weniger auf der Behandlung früherer Störungen. So galt sein besonderes Augenmerk denn auch dem Verlauf beziehungsweise der Lösung des „ödipalen Konfliktes". Wie dieser glücklich verlaufen könnte, sei am Beispiel eines Traumes eines 5jährigen Jungen dokumentiert:

Wir sind eine Igel-Familie. Plötzlich kommt ein Adler und fragt: „Wen von euch soll ich fressen?" Darauf antwortet das Traum-Ich (als Igel): „Nimm den Papi!" Nachdem er dies getan hat nimmt der Adler den kleinen Igel und trägt ihn hoch in die Lüfte, wo er die ganze Welt unter sich sehen kann.

Der Traum zeigt sehr schön, wie die Aggression gegen den um die Mutter rivalisierenden Vater sich wandelt in eine Identifikation mit dem väterlichen Adlervogel, der ihn hochhebt und ihm zu einem neuen Selbstwertgefühl verhilft.
Empfehlenswert ist zu dieser Thematik das Fallbeispiel vom „Kleinen Hans" (Analyse der Phobie eines fünfjährigen Knaben. Fischer Tb 6715) Diese kleine Geschichte eignet sich auch sehr gut für ein Schülerreferat.

3.3 Block C: Sigmund Freud und die Religion

Allgemeine Vorbemerkung (vgl. auch C/4)

Freuds Religionskritik gehört in eine Traditionslinie, die seit der Aufklärung ein Menschenbild propagiert, das sich allein an der Vernunft orientiert. Dabei werden analytisch verschiedene Verursacher der „Unmündigkeit" des Menschen ausgemacht, die sie am Gebrauch ihrer Vernunft hindern. Spricht Holbach von der Manipulation der Priester, so entziffert besonders Feuerbach die gleichsam „innengesteuerte" Fehllenkung seelischer Energie an den Himmel statt zu den Mitmenschen. Marx erweist die „Fehlhaltung" als von außen induziert durch die gesellschaftlichen Verhältnisse.

Freud setzt anstelle der gesellschaftlichen Interpretation eine psychologische. Dabei kann man nicht ohne weiteres von *einer* Freud'schen Theorie in diesem Zusammenhang sprechen. Neben ein Erklärungsmodell aufgrund empirischer Beobachtungen (zum Beispiel Analogie zur Zwangsneurose), treten Kulturtheorien, die auf Analogieschlüsse zwischen individueller Entwicklung des Menschen und der Kulturentwicklung basieren. Dabei geht Freud soweit, diese letztlich wieder zu „remythisieren", so erscheint etwa seine Totemtheorie selbst in der Gestalt einer „religiösen" Ursprungsgeschichte.

Die Beweisführung Freuds gründet sich auf durchaus plausiblen Beobachtungen und logischen Verknüpfungen, wobei seine *zentrale Aussage* vom Vorrang der Vernunft gleichsam den apriorischen Ausgangspunkt setzt, der dann jeweils begründet beziehungsweise bewiesen werden soll. Dieses „Credo" geht davon aus, daß es *prinzipiell*, wenn auch zunächst nur idealerweise und für einzelne, möglich sein muß, das Leben nach den Gesetzen der Vernunft zu gestalten. Die Störungen, die auch dem „Vernünftigen" immer aufs neue widerfahren, sind vernünftig zu erklären, rechtfertigen aber keinesfalls die Anerkennung einer Macht über der Vernunft. Freud schreibt zwar gegen Ende seines Lebens (Das Unbehagen in der Kultur St. A. Bd. 9 S. 207): „Das Leben, wie es uns auferlegt ist, ist zu schwer für uns, es bringt uns zuviel Schmerzen, Enttäuschungen, unlösbare Aufgaben. Um es zu ertragen, können wir Linderungsmittel nicht entbehren... Solcher Mittel gibt es vielleicht dreierlei: mächtige Ablenkungen, die uns unser Elend geringschätzen lassen. Ersatzbefriedigungen, die es verringern, Rauschstoffe, die uns für dasselbe unempfindlich machen. Irgend etwas dieser Art ist unerläßlich." Dies meint er aber eher resigniert bezüglich der Möglichkeit, ein allein vernunftgeleitetes Leben allgemein zu propagieren. Als Ideal hält er an seinem Anspruch zweifelsohne fest.

Wir haben uns im Schülerheft auf zwei Ansätze der Religionskritik konzentriert (Vergleich mit der Zwangsneurose und Religion und Kulturentwicklung), zur sogenannten „Totemtheorie" vergleiche die beiliegenden Materialien. Wichtig ist ein Vergleich mit Feuerbach, um die Traditionslinie des 19. Jahrhunderts herstellen zu können.
Karl Barth und H.-E. Bahr dokumentieren ihre Ansätze gleichsam unter der Voraussetzung der aufklärerischen Religionskritik. Eine konstruktive Aufnahme Freuds findet sich auch bei Tillich (G/4).

Im Jahre 1912 habe ich in „Totem und Tabu" versucht, die alte Situation ... zu rekonstruieren. Ich habe mich dabei gewisser theoretischer Gedanken von Ch. Darwin, Atkinson und W. Robertson Smith bedient und sie mit Funden und Andeutungen aus der Psychoanalyse kombiniert. Von Darwin entlehnte ich die Hypothese, daß die Menschen ursprünglich in kleinen Horden lebten, eine jede unter der Gewaltherrschaft eines älteren Männchens, das sich alle Weibchen aneignete und die jungen Männer, auch seine Söhne, züchtigte oder beseitigte. Von Atkinson in Fortsetzung dieser Schilderung, daß dies patriarchalische System sein Ende fand in einer Empörung der Söhne, die sich gegen den Vater vereinigten, ihn überwältigten und ihn gemeinsam verzehrten. Im Anschluß an die Totemtheorie von Robertson Smith nahm ich an, daß nachher die Vaterhorde dem totemistischen Brüderclan Platz machte. Um miteinander in Frieden leben zu können, verzichteten die siegreichen Brüder auf die Frauen, derentwegen sie doch den Vater erschlagen hatten, und legten sich Exogamie (Verbot, Frauen des eigenen Stammes zu heiraten) auf. Die väterliche Macht war gebrochen, die Familien nach Mutterrecht eingerichtet. Die ambivalente Gefühlseinstellung der Söhne gegen den Vater blieb über die ganze weitere Entwicklung in Kraft. An Stelle des Vaters wurde ein bestimmtes Tier als Totem eingesetzt; es galt als Ahnherr und Schutzgeist, durfte nicht geschädigt oder getötet werden, aber einmal im Jahr fand sich die ganze Männergemeinschaft zu einem Festmahl zusammen, bei dem das sonst verehrte Totemtier in Stücke gerissen und verzehrt wurde. Niemand durfte sich von diesem Mahle ausschließen, es war die feierliche Wiederholung der Vatertötung, mit der die soziale Ordnung, Sittengesetze und Religion ihren Anfang genommen hatten. Die Übereinstimmung der ... Totemmahlzeit mit dem christlichen Abendmahl ist manchen Autoren vor mir aufgefallen.

aus: S. Freud, Studienausgabe, Bd. IX, Der Mann Moses und die monotheistische Religion: Drei Abhandlungen, (1939), S. 575f.

* Wenn das Totemtier der Vater ist, dann fallen die beiden Hauptgebote des Totemismus, die beiden Tabuvorschriften, die seinen Kern ausmachen, den Totem nicht zu töten und kein Weib, das dem Totem gehört, sexuell zu gebrauchen, inhaltlich zusammen mit den beiden Verbrechen des Ödipus, der seinen Vater tötete und seine Mutter zum Weibe nahm, und mit den Urwünschen des Kindes, deren ungenügende Verdrängung oder deren Wiedererweckung den Kern vielleicht aller Psychoneurosen bildet. Sollte diese Gleichung mehr als nur ein irregeleitetes Spiel des Zufalls sein, so müßte sie uns gestatten, ein Licht auf die Entstehung des Totemismus in unvordenklichen Zeiten zu werfen. Mit anderen Worten, es müßte uns gelingen, wahrscheinlich zu machen, daß das totemistische System sich aus den Bedingungen des Ödipus-Komplexes ergeben hat.

...

Um ... diese Folgen glaubwürdig zu finden, braucht man nur anzunehmen, daß die sich zusammenrottende Brüderschar von denselben einander sich widersprechenden Gefühlen gegen den Vater beherrscht war, die wir als Inhalt der Ambivalenz des Vaterkomplexes bei jedem unserer Kinder und Neurotiker nachweisen können. Sie haßten den Vater, der ihrem Machtbedürfnis und ihren sexuellen Ansprüchen so mächtig im Wege stand, aber sie liebten und bewunderten ihn auch. Nachdem sie ihn beseitigt, ihren Haß befriedigt und ihren Wunsch nach Identifizierung mit ihm durchgesetzt hatten, mußten sich die dabei überwältigten zärtlichen Regungen zur Geltung bringen. Es geschah in der Form der Reue, es entstand ein Schuldbewußtsein, welches hier mit der gemeinsam empfundenen Reue zusammenfällt. Der Tote wurde nun stärker, als der Lebende gewesen war; all dies, wie wir es noch heute an Menschenschicksalen sehen. Was er früher durch seine Existenz verhindert hatte, das verboten sie sich jetzt selbst in der psychischen Situation des uns aus den Psychoanalysen so wohl bekannten *„nachträglichen Gehorsams".* Sie widerriefen ihre Tat, indem sie die Tötung des Vaterersatzes, des Totem, für unerlaubt erklärten, und verzichteten auf deren Früchte, indem sie sich die freigewordenen Frauen versagten. So schufen sie aus dem *Schuldbewußtsein des Sohnes* die beiden fundamentalen Tabu des Totemismus, die eben darum mit den verdrängten Wünschen des Ödipus-Komplexes übereinstimmen mußten. Wer dawider handelte, machte sich der beiden einzigen Verbrechen schuldig, welche die primitive Gesellschaft bekümmerten ...

An das andere Tabu, welches das Leben des Totemtieres beschützt, knüpft hingegen der Anspruch des Totemismus an, als erster Versuch einer Religion gewertet zu werden. Bot sich dem Empfinden der Söhne das Tier als natürlicher und nächstliegender Ersatz des Vaters, so fand sich in der ihnen zwanghaft gebotenen Behandlung desselben doch noch mehr Ausdruck als das Bedürfnis, ihre Reue zur Darstellung zu bringen. Es konnte mit dem Vatersurrogat der Versuch gemacht werden, das brennende Schuldgefühl zu beschwichtigen, eine Art von Aussöhnung mit dem Vater zu bewerkstelligen. Das totemistische System war gleichsam ein Vertrag mit dem Vater, in dem der letzte all das zusagte, was die kindliche Phantasie vom Vater erwarten durfte, Schutz, Fürsorge und Schonung, wogegen man sich verpflichtete, sein Leben zu ehren, das heißt, die Tat an ihm nicht zu wiederholen, durch die der wirkliche Vater zugrunde gegangen war. Es lag auch ein Rechtfertigungsversuch im Totemismus. „Hätte der Vater uns behandelt wie der Totem, wir wären nie in die Versuchung gekommen, ihn zu töten". So verhalf der Totemismus dazu, die Verhältnisse zu beschönigen und das Ereignis vergessen zu machen, dem es seine Entstehung verdankte.

Es wurden hierbei Züge geschaffen, die fortan für den Charakter der Religion bestimmend blieben. Die Totemreligion war aus dem Schuldbewußtsein der Söhne hervorgegangen als Versuch, dies Gefühl zu beschwichtigen und den beleidigten Vater durch den nachträglichen Gehorsam zu versöhnen. Alle späteren Religionen erweisen sich als Lösungsversuche desselben Problems, variabel je nach dem kulturellen Zustand, in dem sie unternommen werden, und nach den Wegen, die sie einschlagen, aber es sind alle gleichzielende Reaktionen auf dieselbe Begebenheit, mit der die Kultur begonnen hat, und die seitdem die Menschheit nicht zur Ruhe kommen läßt ...

aus: S. Freud, Studienausgabe, Bd. IX, Totem und Tabu. Einige Übereinstimmungen im Seelenleben der Wilden und der Neurotiker, (1912/13), S. 416f, 427ff.

Zwangshandlungen und Religionsausübungen

Folgende Zusammenfassung scheint sinnvoll:

Zwangsneurose	*Religionsausübung*

– scheinbar unsinnige Verrichtungen	– religiöse Handlung
– jede Abweichung bewirkt Angst Bsp. Ritual d. Zu-Bettgehens	– Unterlassung bewirkt Gewissens-angst
privat $\longleftrightarrow$	öffentlich
Psychoanalytiker kann „Sprache" der Zwangsneurose entschlüsseln	religiöse Symbolik meist nur dem Priester oder Forscher bekannt
Schuldgefühle als Ausgangspunkt ↓ Abwehrrituale	Sündenbewußtsein ↓ fromme Übungen

Verbote ersetzen teilweise
die Zwangshandlung

Neurose = individuelle Religiosität	Religion = universelle Zwangsneurose

---

Zum Verständnis wird man sich klarmachen müssen, daß Freud hier vor allem den Katholizismus seiner Zeit in seiner spezifisch wienerisch-österreichischen Variante vor Augen hat. Damit ist zunächst noch nichts darüber ausgesagt, ob und wieweit Generalisierungen möglich sind. Man wird aber davon auszugehen haben, daß sich die Zwanghaftigkeiten innerhalb des Protestantismus weniger öffentlich-zeremo-niell abspielen als das beim Freud'schen Beispiel vorausgesetzt ist.

Nutzen und Schaden der Religion für die Kulturentwicklung

Der Text verbindet eine entwicklungsgeschichtliche Argumentation bezüglich der Religion beziehungsweise der Menschheit mit einer „funktionalen" Theorie, die darauf abzielt zu zeigen, daß die Vernunft die Funktion der Religion besser über-nehmen könne als diese. Das folgende Schaubild trägt dem Rechnung und enthält gleichsam einen evolutionären Teil und einen interpretativen.

Ausgangspunkt:

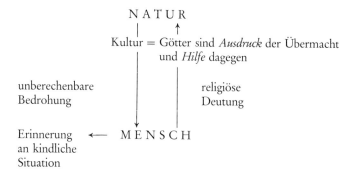

N A T U R

Kultur = Götter sind *Ausdruck* der Übermacht
und *Hilfe* dagegen

unberechenbare
Bedrohung

religiöse
Deutung

Erinnerung ⟵ M E N S C H
an kindliche
Situation

Spätere Entwicklung:

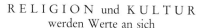

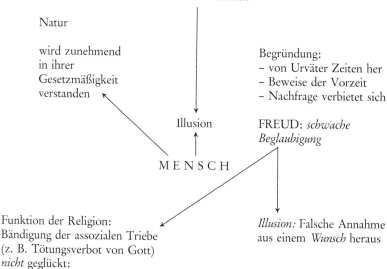

R E L I G I O N und K U L T U R
werden Werte an sich

Natur

wird zunehmend
in ihrer
Gesetzmäßigkeit
verstanden

Begründung:
- von Urväter Zeiten her
- Beweise der Vorzeit
- Nachfrage verbietet sich

Illusion

FREUD: *schwache
Beglaubigung*

M E N S C H

Funktion der Religion:
Bändigung der assozialen Triebe
(z. B. Tötungsverbot von Gott)
nicht geglückt:
Mehrzahl der Menschen
zu beglücken, trösten,
mit dem Leben aussöhnen,
zu Kulturträgern zu machen
deshalb: Entkoppelung der Moral
von der Religion, Bindung an die
Vernunft; Vernunft = vielleicht
Illusion, aber leichter durch
Erfahrung korrigierbar

Illusion: Falsche Annahme
aus einem *Wunsch* heraus

Irrtum: Falsche Annahme
aus bloßer Unkenntnis

Die ersten beiden Abschnitte enthalten die Grundzüge der *Projektions*these, wonach der *Ursprung* der religiösen Inhalte im menschlichen *Bewußtsein* liegt. (Das Bewußtsein Gottes = das Bewußtsein, das der Mensch von Gott hat.) Feuerbach entwickelt hier gewissermaßen eine Bewußtseinspsychologie, wobei er über die Ursachen des *falschen* Bewußtseins hier keine Aussagen macht, sondern den aus seiner Sicht notwendigen Bewußtseinsfortschritt einfordert.

Die Schlußüberlegung, nach der es in kritischer Weise darum geht, die ursprünglich positive Funktion von Religion als *erstes* Selbstbewußtsein des Menschen herauszustreichen und gleichzeitig die Notwendigkeit einer weiterführenden Einsicht in die Vorläufigkeit dieses Erkenntnisschrittes festzustellen, erinnert an (C/2) Freuds Überlegungen zur Kulturentwicklung, wo er ebenfalls die Religion als hilfreiches Vehikel der Bewußtseinsentwicklung beschreibt, die jetzt aber auf einer höheren Stufe obsolet geworden ist.

Die „Religionskritik" Karl Barths

Mögliche Zusammenfassung:

Religion:	*Offenbarung*
Versuch, Gottes Wahrheit von sich aus zu erkennen.	Zu-uns – Kommen der Wahrheit Gottes Mensch kann die Wahrheit Gottes nicht verstehen, bevor sie ihm durch Gottes *Offenbarung* gesagt ist.
= eigentlich ein Ausdruck des Widerstandes gegen – – – – – – – – *Glaube* Gottes Offenbarung.	

Kritik der Religion – Kritik welcher Religion?

Zusammenfassung:

Religion 1	*Religion 2*
*Rückwärts*erinnerung Sinnvergewisserung durch Ritus, Liturgie, Mythos → Bestätigung des Status Quo	*Vorwärts*erinnerung Große Bilder der Zukunftsverheißung als Kritik des Bestehenden → Befreiung des Alltags

Religion 2 sollte das vorherrschende
Muster sein (H. E. Bahr)

3.4 Block D: Die Welt der Träume

D/1 **Träume im Unterricht**

Erfahrungsgemäß findet dieses Thema starken Zuspruch bei den Schülern. In aller Regel tritt dabei auch der Wunsch auf, eigene Träume gedeutet zu erhalten. Häufig geschieht dies indirekt. Man wird hier keine pauschalen Hinweise für das Verhalten des Lehrers geben können (vergleiche dazu die ausführlichen Erläuterungen von G. Sauer), ein vorsichtiges Vorgehen des Lehrers erscheint mir aber angezeigt: das heißt, Arbeit an allgemein zugänglichem, beziehungsweise fiktivem Material. Gespräche über konkrete Träume nicht als Klassenthema sondern mit dem einzelnen Schüler. Die Traumbeispiele aus Büchern etc. enthalten dabei immer noch sehr viele Aspekte, die persönlich als relevant empfunden werden.

D/2/D/3 **Freud – Jung**

Die beiden Ansätze (D/2, D/3) sollen einige wesentliche Prinzipien der Traumdeutung erläutern. Dies kann hier nicht erschöpfend geschehen. Für Freuds Deutungsmodelle empfiehlt es sich, auch wegen der Fülle des Materials, seine „Traumdeutung" (auch als Fischer-Tb) zur Hand zu nehmen, für den Jung'schen Ansatz das Buch von H. Dieckmann „Umgang mit Träumen", dem auch der Schülertext entnommen ist. Der Text von G. Sauer D/4 versucht zu verdeutlichen, wo die Hauptakzente der Freud'schen, wo der Jung'schen Traumdeutung liegen.

Träume in der Bibel

Das Schülerheft enthält hier keinen ausdrücklichen Vorschlag, zumal die Texte ja leicht greifbar sind. Die meisten biblischen Aussagen werten den Traum positiv als Möglichkeit des *Reden Gottes mit den Menschen.* Die geläufigsten Träume sind:
Gen 28,10ff. (Jakobs Traum von der Himmelsleiter in Bethel)
Gen 37,40 und 41 (Josef als Träumer und Traumdeuter)
Mt 1,20 (Josef erfährt durch den Engel, daß er Maria nicht verlassen soll)
Mt 2,12 und 13, 19, 22 (Gott erscheint in Träumen und veranlaßt die direkte Heimkehr der Weisen und die Flucht und Heimkehr Josefs und seiner Familie).
Diese positive Deutung des Traums haben auch Rö 7,13f, 1 Kön 3,5ff., Dan 2 + 4 u. a., kritisch vor allem Jer 23, 25–32, wo Jeremia die Berufung der falschen Propheten auf ihre Träume im Namen Gottes als Lüge brandmarkt.

Wie bereits in C/5 angedeutet, lassen sich in der biblischen Tradition Träume durchaus auch als eine Quelle religiöser Erfahrung werten. Gerade die Spannweite der biblischen Aussagen kann aber auch verdeutlichen, daß die kritische Prüfung durch das Bewußtsein auch mit dazugehört. Indes zeigen gerade auch Träume oft eine innere Evidenz für den Träumer, die es schwermachen, dieser Stimme des Unbewußten die Logik des Bewußtseins entgegenzusetzen. Prinzipiell wird man, dies ist zumindest die Aussage der Analytischen Psychologie C. G. Jungs, den Traum als Sprachrohr des Unbewußten auch als mögliche Quelle religiöser Erfahrung anzunehmen haben. Diese Erfahrung ist dabei zu verstehen auch als mögliche und wohl auch notwendige Bereicherung des christlichen Glaubens; das Barth'sche

Diktum C/5 kann als Korrektiv gelten, insofern es auch diese religiöse Erfahrung an das Wort Gottes der Bibel verweist (vergleiche dazu G/5).

Ein Josefstraum (Gen 37, 1–11) als Beispiel für eine Traumanalyse

Die beiden Träume sind sehr kurz, sie enthalten jeweils ein Traumbild. Nach den Regeln der Traumanalyse ist es sinnvoll, beide zusammen zu betrachten, insofern sie einer *Traumserie* zugehören. Dies bedeutet, daß Träume, die in einer bestimmten Zeit nacheinander geträumt werden, oft Bezug zueinander haben, ja regelrechte Entwicklungen nachvollziehen lassen.

Die Rahmenhandlung ist insofern bei der Deutung mit zu berücksichtigen, als sie gewissermaßen die Rolle der Assoziationen des Träumers übernehmen muß. Das heißt, es ist nicht sehr sinnvoll, einen Traum zu analysieren unter völliger Absehung von der konkreten Lebenssituation des Träumers.

Träume sind in einer Symbolsprache verfaßt (vergleiche E/2), zu deren Wesen es geradezu gehört, daß sie *vieldeutige, wenn auch nicht beliebige* Interpretationen zulassen. Nur der konkrete Kontext, den man zu den Träumen herstellen kann, läßt eine *bestimmte* Deutung zu.

Die folgende Analyse folgt den Prinzipien der Analytischen Psychologie, wobei, nach den Angaben eines Freud'schen Kollegen, der hier keine prinzipiell anderen Aussagen gewonnen hätte.

Eine Interpretation wird ausgehen von der Frage objektstufig beziehungsweise subjektstufig. Eine objektstufige wird fragen, wie verhält sich das Traum-Ich zu den anderen Traumgestalten. Wenn wir die Exposition der Geschichte betrachten, so wird Josef dort als jemand geschildert, der seine Macht den Brüdern gegenüber ausnutzt, indem er sie beim Vater verpetzt, dessen besonderer Liebling er ist, was dieser auch durch das besondere Kleidungsstück für Josef nach außen dokumentiert.

Hier erscheint nun der erste Traum und der Eindruck ist, daß dieser Traum die Wirklichkeit sachgerecht widerspiegelt. Hier kommt nun die Frage nach der Funktion dieses Traums. In einer analytischen Situation könnte sie dem Träumer eine Quelle der Selbsterkenntnis werden. Selbstverständlich würde man dort zunächst einmal Josefs im Traum skizzierte Stellung in der Familie beleuchten, unter anderem auch in ihrer Auswirkung auf die Brüder und die Eltern. Josef ist offensichtlich (17 Jahre alt!) dazu weder willens noch imstande. Er benutzt den Traum, um seine Stellung noch hervorzuheben und zu verstärken. Die Reaktion der Brüder ist denn auch danach: „Du willst wohl unser König werden und über uns herrschen?"

Der zweite Traum bildet gewissermaßen noch eine Steigerung des ersten. So versteht es ja wohl auch der biblische Text. Es wird deutlich, ein Vater beziehungsweise Eltern, die ein Kind so verhätscheln, demütigen sich letztlich vor ihm und machen es zum Herrscher, ja oft zum Tyrannen. Indes, auch dieser Traum führt ebensowenig zur Selbsterkenntnis wie der erste, auch der Vater beläßt es bei einem eher anklagenden als nachdenklichen: „Sollen etwa ich oder die Mutter und die Brüder kommen und vor dir niederfallen?"

Eine subjektstufige Deutung führt vielleicht weiter. Wir hätten die Bilder, die die Brüder beziehungsweise das Elternpaar symbolisch darstellen, dann so aufzufassen, daß diese Aspekte *in der Seele* Josefs darstellen. Die Brüder wären dann als Schattenaspekte (vergleiche E/4) zu verstehen (sie sind *gleichgeschlechtlich* und ihnen wird im Text – mit Ausnahme Benjamins – *Schlimmes* nachgesagt) in dem Sinne, daß sie nicht bewußte und eher abgelehnte Persönlichkeitsanteile repräsentieren. Die Eltern symbolisieren die Elternimagines in der eigenen Seele. Hier sagt der Traum nun ganz deutlich, daß alle diese Seelenanteile vom *Ich* dominiert werden. Wenn wir uns das Alter des Träumers vergegenwärtigen, können wir das gut nachvollziehen. Die *zunehmende* Autonomie des Ich neigt dazu, sich über alle Grenzen hinweg zu verabsolutieren, man spricht dann zurecht von einer *Inflation.* Das Ich identifiziert sich mit dem *umfassenden* Archetyp des Selbst (E/13), was dann zum Absturz führen muß, in Josefs Fall in die Zisterne und die Sklaverei.

In einem weiteren Betrachtungsschritt erkennen wir, als Kenner der *ganzen* Geschichte, daß der Traum insofern einen prognostischen Zug in sich trägt, als die Brüder, ja selbst der Vater in der Phase der Hungersnot wirklich zu Bittstellern bei Josef werden, der dann quasi *königliche Funktion* innehat.

Hier kann auch eine nähere Betrachtung des Symbols der Ährengaben weiterhelfen. Josef verfügt in der Tat über die überlegene Quelle der *Fruchtbarkeit* (psychologisch als Wirkung des Mutterarchetyps), was die Ähre ja symbolisiert. Gerade dies wird auch angesichts der Träume des Pharao entscheidend für seinen dortigen Aufstieg und Erfolg. Andererseits zeigt das Symbol des Weizenkorns als entscheidendem Inhalt der Ähre, daß die Frucht nur um den Preis des eigenen Sterbens (Joh 12,24) zu haben ist. Für Josef heißt das, der Traum kann nur realisiert werden in einem Leben, das den symbolischen Tod dieses inflationierten Ich-Bewußtsein in sich birgt. Das Ich in lebendigem Bezug auf sein Größeres (theologisch gesehen Gott – psychologisch begriffen in der Gestalt des Selbst) kann dann auch wirklich „königlich" handeln (Gen 45) und sich seinen Brüdern als Bruder zu erkennen geben, während sein Verhalten in Ägypten vorher zeigt, daß der Persönlichkeitszug, den die beiden Träume zeigen, durchaus noch in ihm lebendig ist.

Lit: **Helmut Hark: Der Traum als Gottes vergessene Sprache. Symbolpsychologische Deutung biblischer und heutiger Träume, Olten u. Freiburg/Brsg. 1982**

3.5 Block E: C. G. Jungs Weg zum Unbewußten

Dieser Block enthält gewissermaßen das Herzstück dieses Unterrichtsheftes. Wir geben wie bei Freud die biografischen Daten eher als Rahmen denn als selbständiges Material. Dem Lehrer wird ausdrücklich Jungs „Erinnerungen, Träume, Gedanken; herausgegeben von A. Jaffé, 1971" empfohlen, wo Jung in einer autobiografischen Vorgehensweise anhand von konkreten Angaben die Entstehung seiner theoretischen Einstellung nachzeichnet (vgl. E/1). Prinzipiell wird man sagen können, daß Jungs Ansatz nicht in einem strikten Widerspruch zu Freud entworfen wurde, sondern in vielen Bereichen die Freud'sche Deutung als Voraussetzung akzeptiert, sie aber erweitert; so etwa im Bereich der Libidotheorie, wo Freud Libido als Ausdruck eines allerdings umfassend verstandenen Sexualtriebes sieht, während Jung dabei an die umfassende Lebensenergie denkt, die selbstverständlich die Sexualität mitumfaßt. In gewisser Weise verhält es sich mit Jungs Konzept des Unbewußten ähnlich: das umfassende Konzept eines persönlichen und kollektiven Unbewußten enthält Freuds Vorstellung gewissermaßen als ein Element in sich (vgl. E/3).

Wichtig ist der Unterschied bezüglich des Symbolverständnisses (vgl. E/2). Hier liegt auch der Schlüssel für die völlig entgegengesetzte Haltung zur Religion. Denn wenn nach Freud symbolische Ausdrucksformen zum Beispiel in Träumen immer nur Ausdruck für etwas *Bestimmtes*, ein Element im Zusammenspiel der psychischen Instanzen der Persönlichkeit sind, dann gründen sie letztlich in einem Prozeß zwischen biologischen Abläufen und der menschlichen Vernunft.

Nach Jung ist die Symbolsprache gewissermaßen das Kommunikationsmittel der Seele mit den Manifestationen der Welt des kollektiven Unbewußten. Jung erkennt in dieser Sphäre des kollektiven Unbewußten das wieder, was die Menschheit seit altersher als die Welt des Religiösen beschreibt. Religion gehört demnach für Jung zum Lebensprozeß der Seele zwangsläufig mit dazu; bzw. dort, wo sie fehlt, führt dies zu psychischen Defiziten und Krankheiten.

Die Herausforderung für den christlichen Glauben und die christliche Theologie verlagert sich von daher auch auf eine ganz andere Ebene. Angesichts der Fülle religiöser Symbolik geht es mehr darum, die spezifische Qualität der Offenbarung Gottes in Jesus Christus gemäß dem Zeugnis der Heiligen Schrift genauer zu bestimmen (dazu Block F und G). Bei der Beschäftigung mit dem Archetyp des Selbst (E/13) taucht diese Fragestellung aber bereits auf.

Lit: Liliane Frey-Rohn: Von Freud zu Jung. Eine vergleichende Studie zur Psychologie des Unbewußten, Zürich 1969.

---

* *Zeittafel*

1875	Am 26. Juli wurde Jung in Kesswil, Kanton Thurgau, geboren.
1895–1900	Medizinstudium in Basel.
1900	Assistent an der Psychiatrischen Universitätsklinik Zürich.
1902/1903	Wintersemester bei Pierre Janet, Paris.
1903	Verheiratung mit Emma Rauschenbach, Schaffhausen.
1905–1909	Oberarzt der Psychiatrischen Klinik Zürich.
1905–1913	Privatdozent.
1907	Erste Begegnung mit Freud in Wien.
1909	Reise mit Freud an die Clark University (Worcester, USA). Vorlesungen über das Assoziationsexperiment. Redaktor des „Jahrbuches für psychologische und psychopathische Forschungen".
1911	Gründung der Internationalen psychoanalytischen Gesellschaft, Jung wird Präsident.
1912	Vorlesungen an der Fordham University, New York.
1912/1913	Trennung von Freud und der psychoanalytischen Gruppe.
1914	Vorlesungen in London und Aberdeen, Militärdienst, Sanitätshauptmann.
1916	Gründung des Psychologischen Clubs Zürich.
1920	Reise nach Nordafrika.
1924/25	Studienreise zu den Puebloindianern, Arizona und Neu-Mexico, USA.

1925/26	Expedition nach Ostafrika.
1930	Vizepräsident der Deutschen ärztlichen Gesellschaft für Psychotherapie.
1932	Literaturpreis der Stadt Zürich.
1933	Präsident der von ihm zur Internationalen Ärztlichen Gesellschaft für Psychotherapie umgestalteten Deutschen Gesellschaft, mit Landesgruppen und Einzelmitgliedern. Deutsche jüdische Ärzte konnten nun unter Umgehung der deutschen Landesgruppe Mitglied werden.
1933	Beginn der Vorlesungen an der Eidgenössischen Technischen Hochschule Zürich.
1935	Ernennung zum Titularprofessor. Vorlesungen am „Institute of Medical Psychology", London.
1936	Gründung und Vorsitz der „Schweizerischen Gesellschaft für Praktische Psychologie".
1937	Vorträge an der Yale University, USA. Terry Lectures.
1938	Indienreise auf Einladung der Britisch-Indischen Regierung.
1942	Rücktritt als Titularprofessor der Eidgenössischen Technischen Hochschule Zürich.
1944	Berufung als Ordinarius für Medizinische Psychologie, Universität Basel. Unfall und Herzinfakt, weshalb er seine Vorlesungen einstellte.
1945	Ehrendoktor der Universität Genf.
1948	Eröffnung des C. G. Jung-Instituts Zürich.
1955	Tod der Gattin.
1961	starb C. G. Jung am 6. Juni.

aus: C. G. Jung, herausgegeben von C. G. Jung-Institut, Zürich.

E/1 **Von Freud zu Jung**
– das tiefenpsychologische Konzept von C. G. Jung

Der Text hat mehrere Dimensionen:

1. Er gibt aus Jungs Sicht einen Einblick in die Unterschiede zwischen der *Psychoanalyse* Freuds und der *Analytischen Psychologie* Jungs.

2. Er gibt ein Beispiel einer Traumdeutung durch Jung selbst.

3. Er enthält eine erste Skizze von Jungs Konzept des Unbewußten. (vgl. E/3)

Zu 1.

Jung nennt als geistige Ahnväter Freuds Büchner, Moleschott, Dubois-Reymond und Darwin, damit Namen von großen Naturwissenschaftlern des 19. Jahrhunderts, die, vor allem Büchner und Moleschott, auch als Propagandisten einer materialistischen Philosophie auftraten und maßgeblich an der Verbreitung atheistischen Gedankengutes beteiligt waren. Wenn man Freuds eigene Tätigkeit als Neurologe in „Brückes Laboratorium" in Wien in Rechnung stellt, dann verwundert es nicht, daß er eine, heute würde man sagen *szientistische* Grundeinstellung hatte (vgl. B/3). Die *hermeneutische* Orientierung, die Freud zweifelsohne gerade in seinen Traumdeutungen immer wieder in brillanter Weise an den Tag legte und die

34

seine Praxis und sein therapeutisches Konzept maßgeblich bestimmte (vgl. Joachim Scharfenberg: Sigmund Freud und seine Religionskritik als Herausforderung an den christlichen Glauben ⁴1976 S. 99 ff.), schlug sich in seiner „Weltanschauung" deutlich weniger nieder als die szientistische.

Jung rekurriert dagegen als „Historiker" ungleich stärker auf das hermeneutische Paradigma. Die Welt der Ideen und geistigen Mächte gehört auch zu seinen biografischen Voraussetzungen. Der Dissens zwischen Freud und Jung drückt sich aus im Zugang zu dem Traum, wo demnach bei Freud eher das *Analysieren*, bei Jung eher das *Verstehen* im Vordergrund steht (aus Jungs Perspektive!). Daß zwischen beiden Männern auch eine spannungsvolle Beziehung bestand mit allen menschlichen Schwächen und Eitelkeiten, können wir nur zur Kenntnis nehmen.

Zu 2.

Der Traum gibt ein schönes Beispiel für eine *subjektstufige* Deutung. Das Haus mit seinen Kellerräumen ist demnach ein Bild für Jungs Psyche mit dem relativ bekannten Raum als Bewußtsein, das „persönliche Unbewußte" als tieferliegendes Stockwerk und immer kollektivere und archaischere Kellerräume darunter. Freuds Deutungsversuche setzt dem gegenüber auf der *objektstufigen* Ebene an, wobei sie sich nach Jungs Mitteilung nur auf den Punkt mit den Schädeln konzentrierte. Die Frage nach dem dahinterliegenden Wunsch entspricht genau Freuds Traumtheorie.

Zu 3.

(vgl. E/3 Schülerheft)

Das Symbol bei Freud und Jung E/2

Der zusammenfassende Text von Hubertus Halbfas soll das zu E/1 in diesem Handbuch gesagte nur noch ergänzend dokumentieren. Das Symbol wird in der hier skizzierten engen Version Freuds fast auf das *Zeichen* reduziert. Konsequenterweise haben neuere Arbeiten in der Tradition Freuds (Lorenzer, Scharfenberg) das Verständnis des Symbols so erweitert, daß es jetzt durchaus eine hermeneutische Qualität hat.

Für Jung kann das Symbol die ganze Fülle der Welt des kollektiven Unbewußten zum Ausdruck bringen und wird dadurch, gerade in seiner Überdeterminiertheit zur Sprache des Unbewußten (in Träumen, der Kunst, der Religion etc.).

Die Archetypen und das kollektive Unbewußte (C. G. Jung) E/3

Einige Erläuterungen zum Schaubild von Erich Neumann:

1. Der Archetyp ist unanschaulich, nur über seine Manifestationen erschließbar.
2. Der Uroboros: Auf einer ganz archaischen Stufe des kollektiven Unbewußten findet sich das Gegensatzpaar „männlich-weiblich" noch undifferenziert.
3. und 4. Die Stufen der Differenzierung: dabei wird der Archetyp, je bewußtseinsnäher und „persönlicher" seine Gestaltungen werden, zunächst durch kollektive Symbole (i.d.F. „weibliche" Tiere, wie Kuh und Katze etc. oder Märchenfiguren wie Königin, Hexe etc.), Personen des öffentlichen Lebens und nicht zuletzt in Menschen des eigenen Bekanntenkreises erfahren und ausgedrückt.

6. Hier wird deutlich, das die Symbole des Unbewußten in der Projektion auf Gestalten der Außenwelt erlebt werden, seien es konkrete Menschen, Werke der Kunst oder Personifikationen der Religion.

E/4 Die Archetypen

Die folgenden Materialien wollen die zentralen Archetypen darstellen. Die gewählte Reihenfolge ist nicht beliebig, sondern entspricht einer inneren Systematik, die in der Jung'schen Psychologie durch den Begriff des *Individuationsprozesses* beschrieben sind. Individuation heißt demnach ein Geschehen, das auf den entwicklungspsychologischen Voraussetzungen des Lebensprozesses aufbaut und dem Menschen aufträgt, in der Balance zwischen der notwendigen Anpassung an die kollektiven Abläufe und dem Finden seines Weges als je Einzelner sein Leben und die damit verbundenen Aufgaben von der Geburt bis zum Tode zu gestalten und zu erleiden (symbolisch dazu E/14).

Ich möchte dies an dem Schema von Gert Sauer erläutern:

Das Selbst als der umfassende Archetyp steuert den gesamten Entwicklungsprozeß. Dabei wird das Selbst durch das Paradox definiert, daß es einerseits als das Gegenüber des Ich erfahren wird, andererseits als das Umfassende, das die anderen Archetypen einschließlich des Ich in sich mitenthält. Das Selbst bildet gleichsam den Ausgangspunkt des Lebensprozesses, sein steuerndes Pendant und sein Ziel. Die damit gesetzte implizite religiöse Dimension soll später besprochen werden.

Das Schema will zeigen, wie der menschliche Entwicklungsprozeß durch Archetypen bestimmt wird. Sauer nennt hier als archetypische Erscheinungsformen des Ich in der kindlichen Entwicklung „das göttliche Kind" und den „Trickster", beide unter der Dominanz des Mutterarchetyps. Charakterisiert wird der erste Archetyp durch das kleine Kind im Schutz der Mutter, die, indem sie ihm alle Aufmerksamkeit schenkt, dieses zu ihrem „Prinzen" bzw. ihrer „Prinzessin" macht. Daß an die Geburt eines Kindes oft die Erwartung eines großen Neuanfangs geknüpft ist, ist ebenfalls bekannt (vgl. Jes 9,5f). Der Trickster ist der kleine Held, als solcher auch schon mitbestimmt durch den Vaterarchetyp. Die durch kindliche Initiative geprägte Phase des „Sohn-Geliebten" bzw. der „Tochter-Geliebten" wird bestimmt durch den Vaterarchetyp. Die sachliche Nähe zu Freuds Konzept vom ödipalen Konflikt ist offensichtlich. Dabei sind Vater bzw. Mutterarchetyp überpersönliche Mächte, die sowohl in der Seele des Kindes (und auch des Erwachsenen), wie auch in den konkreten Eltern wirkmächtig werden (vgl. E/6). Den Rest der ersten Lebensphase bestimmt der Heldenarchetyp, in der Pubertät von den naturhaften Kräften des Mutterarchetyps beeinflußt, danach in der Gestalt des bzw. der Alten Weisen bereits von einer Manifestation des Selbst. Für die zweite Lebenshälfte wird nach dieser Skizze die bildhafte Gestaltungsform in eine Beziehung des Autonomen Ich zum Selbst überführt; das Ich hat seinen Platz in der Welt entdeckt auch gegenüber den Kräften des eigenen Unbewußten. Der Reifungsprozeß dieser Phase, der weniger durch Expansion, sondern eher durch Intensivierung charakterisiert ist, besteht jetzt mehr in einer Rückgabe der Willenskräfte des Ich an das überpersönlich steuernde Selbst, aus dem diese in der Kindheit herausgewachsen waren. Die schraffierten Linien wollen zeigen, daß für eine „gesunde"

Entfaltung der Persönlichkeit
nach der Analytischen Psychologie C. G. Jung's
unter dem Einfluß dominierender archetypischer Kräfte
– Schema: Gert Sauer –

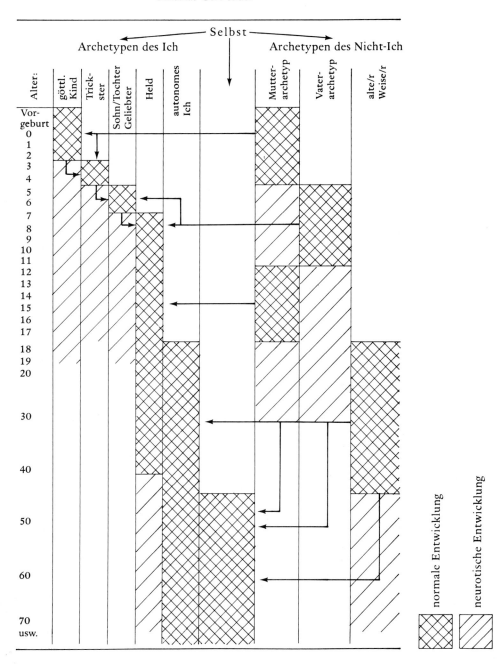

Entwicklung die altersgemäße Ablösung der verschiedenen dominanten Archetypen notwendig ist. Deshalb geben die schraffierten Felder das unzeitgemäße Nachwirken dieser Archetypen wieder, was sich als neurotische Entwicklung darstellt.

Die Entwicklung der ersten Lebenshälfte führt zur Herausbildung einer *Persona* (E/5). Der Prozeß ist charakterisiert durch das Zusammenspiel zwischen den Willenskräften des Ich, die eine bestimmte Präsentation der Person intendieren und den unbewußten Kräften, die zwangsläufig mit in die Persona Eingang finden.

Der analytische Prozeß

Der menschliche Reifungsprozeß ist gekennzeichnet, einerseits durch eine zunehmende Autonomie des Ich, aber auch durch *Selbst*erfahrung. Letztere beinhaltet ein Innewerden der unbewußten Kräfte und eine Berücksichtigung ihrer. Leitete Freud das Ideal „Wo ‚Es' ist, soll ‚Ich' werden!", so würde Jung dies als Ausdruck menschlicher Hybris ansehen, denn nach seiner Meinung kann das Unbewußte nicht völlig bewußt gemacht werden, weil hier Kräfte am Werk sind, die das Bewußtsein niemals fassen und integrieren kann. Gleichwohl ist eine Bewußtwerdung möglich, aber in der Art einer Berücksichtigung dieser Kräfte, nicht im Sinne einer Beherrschung oder Eliminierung (schön sichtbar E/8).
Der analytische Selbsterfahrungsprozeß beginnt in aller Regel mit der Auseinandersetzung mit dem „Schatten". Gemäß dem Bibelwort vom Splitter und Balken Mt 7,3 ff. bedeutet dies die Anerkennung von moralisch abgewerteten Seiten bei sich selbst. Dabei gilt die Pointe des Jesuswortes auch insoweit, als es einen Zusammenhang gibt zwischen dem Gefühlston der Ablehnung bei andern und dem Nicht-wahrhaben-wollen bei sich selbst. Im Traum treten – meist gleichgeschlechtliche – Gestalten auf, die diese abgelehnten Eigenschaften repräsentieren. Bei der intensiveren Auseinandersetzung mit den Traumfiguren des Unbewußten differenzieren sich dann gegengeschlechtliche Personen heraus, die Jung Animus bzw. Anima nennt. Auch ihnen entsprechen Projektionen im realen Leben. Animus und Anima können wie der Schatten situativ als Teilpersönlichkeiten unser Verhalten bestimmen. Bewußtwerdung bedeutet auch hier das *Wahrnehmen* dieser Wirkungen, idealerweise ihre bewußte Berücksichtigung. Als klassische Beispiele einer solchen Autonomie etwa der Anima gegenüber dem bewußten Ich des Mannes gelten etwa Manifestationen wie „Animosität" oder Sentimentalität, als solche des Animus bei der Frau dominantes, rechthaberisches, pseudorationales Verhalten. Entwicklungspsychologisch kann man sagen, daß sich der Animus aus dem Vaterarchetyp, die Anima aus dem Mutterarchetyp herausdifferenzieren muß. Dies wird insofern plausibel, als auf der Beziehungsebene gegengeschlechtliche Personen erst dann „interessant" werden, wenn die Lösung vom gegengeschlechtlichen Elternteil einsetzt. Dem korrespondiert der Differenzierungsprozeß im Unbewußten. Animus und Anima erscheinen manchmal (dann auch als Animus beim Mann und Anima bei der Frau!) in der Nähe des Archetyps des Selbst, wie überhaupt Gestaltungen von Animus und Anima, Vater- bzw. Mutterarchetyp als Puer aeternus (ewiger Knabe), Puella aeterna (ewiges Mädchen), Alter Weiser bzw. Alte Weise als Manifestationen des Archetyps des Selbst erscheinen können. Dies wird besonders schön deutlich bei dem Hesse-Text aus „Demian" zur Anima. Hinter der im Schülerheft beschriebenen Anima-Gestalt wird „Demian" sichtbar, eine Gestaltwerdung des Archetyps des Selbst:

* Und eines Morgens, als ich aus solchen Träumen erwachte, erkannte ich es plötzlich. Es sah mich so fabelhaft wohlbekannt an, es schien meinen Namen zu rufen. Es schien mich zu kennen, wie eine Mutter, schien mir seit allen Zeiten zugewandt. Mit Herzklopfen starrte ich das Blatt an, die braunen, dichten Haare, den halbweiblichen Mund, die starke Stirn mit der sonderbaren Helligkeit (es war von selber so aufgetrocknet), und näher und näher fühlte ich in mir die Erkenntnis, das Wiederfinden, das Wissen.

Ich sprang aus dem Bette, stellte mich vor dem Gesicht auf und sah es aus nächster Nähe an, gerade in die weit offenen, grünlichen, starren Augen hinein, von denen das rechte etwas höher als das andere stand. Und mit einemmal zuckte dies rechte Auge, zuckte leicht und fein, aber deutlich, und mit diesem Zucken erkannte ich das Bild...

Wie hatte ich das erst so spät finden können! Es war Demians Gesicht.

Später verglich ich das Blatt oft und oft mit Demians wirklichen Zügen, wie ich sie in meinem Gedächtnis fand. Sie waren gar nicht dieselben, obwohl ähnlich. Aber es war doch Demian.

Einst an einem Frühsommerabend schien die Sonne schräg und rot durch mein Fenster, das nach Westen blickte. Im Zimmer wurde es dämmerig. Da kam ich auf den Einfall, das Bildnis Beatricens, oder Demians, mich der Nadel ans Fensterkreuz zu heften und es anzusehen, wie die Abendsonne hindurch schien. Das Gesicht verschwamm ohne Umrisse, aber die rötlich umrandeten Augen, die Helligkeit auf der Stirn und der heftig rote Mund glühten tief und wild aus der Fläche. Lange saß ich ihm gegenüber, auch als es schon erloschen war. Und allmählich kam mir ein Gefühl, daß das nicht Beatrice und nicht Demian sei, sondern – ich selbst. Das Bild glich mir nicht – das sollte es auch nicht, fühlte ich – aber es war das, was mein Leben ausmachte, es war mein Inneres, mein Schicksal oder mein Dämon. So würde mein Freund aussehen, wenn ich je wieder einen fände. So würde meine Geliebte aussehen, wenn ich je eine bekäme. So würde mein Leben und so mein Tod sein, dies war der Klang und Rhythmus meines Schicksals.

aus: H. Hesse, Demian, GW Bd. 5, Frankfurt/Main 1970, S. 83/84

Der Schatten   E(Z)4

Der Text enthält eigentlich zwei Komplexe, einmal den Archetyp des Schattens und das Problem der Projektion. Der Begriff „Schatten" dürfte leicht plausibel sein, zumal er bereits alltagssprachlich gebraucht wird. Als Ergänzung sei vielleicht noch darauf hingewiesen, daß in der christlichen Tradition der archetypische Schatten die Gestalt des Teufels annimmt. Hier ist naturgemäß der Gedanke einer „Integration" nur schwer denkbar, indes wissen die Märchen zum Teil Wege, wie der Teufel gegen seinen Willen dienstbar gemacht werden kann (z. B. Grimm: Der Teufel mit den drei goldenen Haaren). Zum Thema Projektion ist die Schattenproblematik nur *ein*, wenn auch wichtiger Aspekt (vgl. C/3). Ergänzend:

* *Die fünf Stufen der Projektionsrücknahme*

Genauer genommen spielt sich der Prozeß einer Einsicht in eine Projektion in mehreren Stufen ab. Als Beispiel erwähnt Jung den Fall eines nigerianischen Soldaten, der eine Stimme hörte, die ihn aus einem Baum rief, worauf er aus der

Kaserne auszubrechen versuchte, um zum Baum zu gelangen. Im Verhör sagte er aus, daß alle, die den Namen dieses Baumes trügen, von Zeit zu Zeit dessen Stimme hörten. Für uns handelt es sich hier um die Situation der erwähnten archaischen Identität, denn für den Soldaten waren Baum und Stimme offensichtlich identisch. Eine Trennung von der Vorstellung des Baumes und derjenigen der Stimme oder eines Baumdämons (wie sie der Ethnologe in diesem Fall eventuell vornehmen würde) ist bereits ein sekundäres Phänomen, das einer weiteren Bewußtseinsstufe entspräche, denn es handelt sich bereits um eine *Unterscheidung*. Als dritte Stufe ergäbe sich die Notwendigkeit einer *moralischen Bewertung* des Phänomens der Stimme, welche diese als Manifestation eines bösen oder guten Geistes erklären würde. Eine vierte Stufe ginge in dem Akt der Aufklärung noch einen Schritt weiter. Von dieser Sicht aus wird die Existenz von Geistern überhaupt geleugnet und das Erlebnis als eine *Illusion* abgetan. Auf einer nächsten Stufe müßte man sich jedoch dann doch wieder darüber wundern, wieso ein übermächtiges, äußerst reales, wunderbares Erlebnis nun plötzlich nichts anderes als eine Selbsttäuschung hätte sein sollen. Wenn man vielleicht auch annehmen muß, daß Bäume nicht in menschlicher Sprache reden und daß im Baum selber kein Geist wohne, oder es sogar objektiv gar kein „Geist" gewesen sei, den der Soldat gehört hatte, so muß diese Geisterwahrnehmung doch ein aus seinem Unbewußten sich hervordrängendes Phänomen gewesen sein, dem man eine *psychische* Existenz nicht absprechen kann, es sei denn, man leugne die Wirklichkeit der Psyche überhaupt. Falls man das nicht tut, wäre zwar der Geist im Baum heute von uns als eine Projektion zu bezeichnen, aber damit durchaus nicht etwa als eine Illusion, sondern als etwas seelisch höchst Wirkliches. Auch die Unterscheidung, ob dieser „Geist" gut oder böse sei, wird dann wieder aktuell und von größter Bedeutung. Im vorliegenden Beispiel hinge eine Bestrafung des nigerianischen Soldaten davon ab, ob er, in unserer Sprache ausgedrückt, unbewußt hatte desertieren wollen oder eine „geistige Berufung" erlebt hatte; also das gleiche Problem, das unsere Gerichte mutatis mutandis heute als „Dienstverweigerung aus Gewissensgründen" beschäftigt.

aus: M.-L. von Franz, Spiegelungen der Seele. Projektion und innere Sammlung, 1978, S. 16/17

E/5   Die Persona

Die Persona steht in einem gewissen Spannungsverhältnis zum „Schatten". Soweit sie *bewußt* konzipiert ist, wird das Ich versuchen, sie weitgehend von Schattenanteilen freizuhalten. Je mehr dies gelingt, um so starrer wird sie jedoch. Es macht einen Menschen ja gerade „menschlich", wenn auch seine Schwächen (das heißt Schattenseiten) mit dazugehören. Völlig ausschließen lassen sie sich nicht, sie sind dann dem „Persona"-Träger lediglich nicht bewußt, dafür aber anderen. Eine flexible Persona ist insofern transparent, als sie einen Blick hinter die Maske freigibt. Daß der naive, weniger kollektiv bestimmte, kindliche Blick die Persona zu durchschauen weiß, zeigt das Märchen von des Kaisers neuen Kleidern.

Die Anima

Der Hessetext zeigt in schöner Weise das Zusammenspiel zwischen Projektion und innerem Bild. Im geschilderten Falle wird der Prozeß der Projektionsrücknahme sichtbar, das Bild aus dem eigenen Unbewußten wird gegenüber der konkreten Gestalt zunehmend bestimmender. Wichtig ist auch, daß die Beschäftigung mit dem Bild wieder die Welt der Träume erschließt und (vgl. Zusatzmaterial zu E/4 – E/13) schließlich zu einer Manifestation des „Selbst" führt. Hesse zitiert in diesem Zusammenhang nicht zufällig Dantes Beatrice, die diesem ja ebenfalls zur Führerin durch die Unterwelt wurde.

Der Mutterarchetyp

Es ist sinnvoll, zu Beginn des zu interpretierenden Textes das Märchen selbst noch einmal kurz vorzulesen. Es ist nämlich immer wieder überraschend, zu erleben, daß, ja welche Teile eines Märchens vergessen sind. Die Interpretation erfolgt wieder auf der subjektstufigen Ebene. Goldmarie und Pechmarie sind dabei jeweils füreinander Schattengestalten.

Wir folgen dabei zunächst der Goldmarie als der unseren Wertmustern entsprechenden Heldin. Für die Exposition des Märchens ist es wichtig zu sehen, daß von einem Vater oder Brüdern keine Rede ist. Es geht hier also um einen *weiblichen Reifungsprozeß*. Deutlich wird hier, daß die wertende Zuordnung (vgl. Bild E/9) des Verhaltens der Mutter zum negativen Mutterarchetyp (festhaltend, verschlingend) insofern relativ ist, als die bergende, bewahrende Qualität, die ja eher zum positiven Aspekt des Archetyps gehört, im Laufe des Entwicklungsprozesses *hemmend* und damit negativ werten kann. Deshalb hat das Empfinden von Goldmarie, ihre Mutter sei aus den angegebenen Gründen „böse" hier eine positive Funktion, weil dies sie zum Aufbruch, zur eigenen Entwicklung nötigt.

Die Begegnung mit der archetypischen „großen Mutter" bedeutet einmal (dazu auch das Schaubild zur Jung'schen Entwicklungspsychologie E/4 – E/13), daß der pubertäre Reifungsschritt unter der Dominanz des Mutterarchetyps stattfindet, zum andern aber, daß die große Mutter als Symbol des Weiblichen schlechthin jetzt internalisiert wird und die eigene Identität bestimmt.

Das Märchen folgt insgesamt dem archetypischen Muster der „Nachtmeerfahrt" des Helden, der in der Unterwelt sein Abenteuer besteht und dann als geläutert zur Welt zurückkehrt. Das Märchen betont damit die Notwendigkeit, die Neukonstellation im Unbewußten auf der Ebene der *Realwelt zu leben*. Hier steht nun die Begegnung mit dem Männlichen auf der Beziehungsebene an, aber auch auf der Ebene des Unbewußten die „Entwindung" ihres Animus aus dem Vaterarchetyp. Zu Unterrichtlichem sei angemerkt, daß dieser Text besonders bei den Schülerinnen, die als Adoleszente von dem beschriebenen Prozeß betroffen sind, oft eine starke emotionale Beteiligung zur Folge hat. Dies kann sich in Zustimmung, aber auch in scheinbar unmotivierter Abwehr ausdrücken. Der Lehrer bzw. die Lehrerin wird dies zu respektieren haben, auch wenn es beim kognitiven Voranschreiten hinderlich scheinen mag.

Lit (mit Bildern!): Erich Neumann, Die große Mutter. Eine Phänomenologie der weiblichen Gestaltungen des Unbewußten. ³Olten 1978.

E/8 Der Animus

Zu dem Text ist erläuternd hinzuzufügen, daß er in einer konkreten Weise den Umgang einer Frau mit ihrem Animus (bzw. den Animusgestalten) schildert. Dies wird verständlicher, wenn man weiß, daß in der Analytischen Psychologie das Meditationsverfahren der „aktiven Imagination" gepflegt wird, das es ermöglicht, mit seinen Traumfiguren imaginativen Kontakt aufzunehmen. Diese Erfahrung der Autorin läßt diese Manifestationen ihrer Seele so lebendig personenhaft erscheinen. Rein funktional wird der Animus hier als eine spezifische Erkenntnisfunktion beschrieben, die nicht völlig mit dem weiblichen Ich identisch ist, sondern mit diesem im Zusammenspiel äußerst fruchtbar wirken kann, dagegen, wenn er sich verselbständigt, oft nicht angemessenes Verhalten artikuliert.

E/10 – E/11 Manifestationen des archetypisch Männlichen

Analog zum Funktionskreis des Weiblichen (E/9) werden die Manifestationen des Männlichen nach der Vater- sowie der Animus-Qualität aufgezeigt (E/10).
Die einzelnen „Götterbilder" verstehen sich auf der Ebene des Psychischen als Äußerungsformen bestimmter *Eigenschaften* etwa im Sinne z. B. der antiken Personifikationen des Sieges (Nike), des Schicksals (Fortuna) o. ä. Für das christliche Gottesbild gilt dabei natürlich – theologisch gesehen – das Bilderverbot; andererseits redet sowohl die Bibel von zahlreichen Eigenschaften Gottes, ganz besonders auch in seiner Gestaltwerdung in Jesus Christus, wie auch in der Seele der Gläubigen immer wieder Bilder entstehen, die auch in der bildenden Kunst Ausdruck finden. Für das Christentum ist es charakteristisch, daß die negativen Aspekte nur bedingt ins Gottesbild aufgenommen sind, im Schaubild E/10 in der Gestalt Totenrichters. Ansonsten ist das Böse abgespalten und durch den Teufel/Antichrist personifiziert. In der Theodizeefrage findet dies u. a. seinen Ausdruck. Von daher auch Jungs Überlegung, wonach der Schatten (das ist in diesem Fall der Teufel) eigentlich mit ins Gottesbild gehören solle.

Die Bilder E/11 wollen das Thema erläutern. Die folgende Zuordnung bietet sich an: 1–3 gehören zu V +

4 zu V –

6 und 7 zu A +

5 zu A –.

E/12 Das Männliche im Märchen

Das Märchen gibt in einer gewissen Parallelität zu „Frau Holle" das archetypische Muster eines männlichen Reifungsprozesses in Auseinandersetzung mit den verschiedenen Aspekten des Vaterarchetyps wieder. Methodisch wird hier den Schülern zugemutet, eigenständig mit Hilfe des Lehrers die Grundzüge der Interpretation herauszuarbeiten. Erfahrungsgemäß entwickeln nach einer Weile der Beschäftigung zumindest einige Schüler dafür ein ausgesprochenes Gespür.

Die ersten Zeilen des Märchens wollen deutlich machen, daß es hier um ein Geschehen auf der Symbolebene zu tun ist, d. h keine Nachzeichnung eines realen

Vorgangs. Die Armut verdeutlicht psychologisch den Mangel an Energie, die zur Entwicklung nötig wäre und hier fehlt. Der Sohn verharrt in seiner vorödipal kindlichen Haltung (nur Essen und Ausscheiden), die Auseinandersetzung mit dem Vater fand und findet nicht statt. Der Ofen verweist auf die Dominanz des Mütterlichen (vgl. E/8), die Faulheit als Entwicklungshemmung ebenfalls. Charakteristisch ist auch das fehlende Mitgefühl des Sohnes, er bleibt in seiner archaischen Egozentrik gefangen. Das Archaische drückt sich auch aus in der Hirse, einer sehr alten Getreidesorte, die in diesem Märchen eine wichtige Rolle spielt.

Die Initiative ergreift schließlich die Mutter, das Versagen des Vaters wird sichtbar in den Versuchen, den „jungen Mann" zum Arbeiten zu bringen. Eine Identifikation des Sohnes mit dem Vater hat ganz offensichtlich nicht stattgefunden. Der Dreier-Rhythmus dieses Märchens ist ja aus vielen anderen Märchen bekannt. Die Drei ist von der Symbolbedeutung her eher männlich bestimmt, es haftet ihr eine gewisse Dynamik an, hin zur Vier, der Zahl der Ganzheit. Nachdem drei Versuche den jungen Mann zum Verlassen des Elternhauses und zum Eintritt in einen Beruf gescheitert sind, führt dann der Neuansatz im vierten Versuch zu einem Fortschritt. Der Hinweis des Vaters „ihn dem ersten besten geben zu wollen" drückt seine Hilflosigkeit aus, der Hinweis auf das *andere Reich* ein unbewußtes Wissen, daß nur die unbewußten Kräfte hier etwas bewirken können.

„Lange oder nicht lange" kann ebenfalls als Hinweis darauf gesehen werden, daß es sich in dieser Phase nicht um eine bloße Fortsetzung des bisherigen handelt, sondern um einen qualitativ anderen Neuanfang auf der Ebene des Unbewußten, was dann auch im Symbol des Waldes seinen Ausdruck findet. Der Vater ist müde, was für ihn ja durchaus kennzeichnend ist und ruft auch *unbewußt* den Waldkönig Och, *eine* Manifestation des Vaterarchetyps.

Der Waldkönig wird gleich in seiner Ambivalenz sichtbar: einerseits bereit, sich der Entwicklung dieses jungen Mannes anzunehmen, andererseits wird bereits auch hier sein Schattenaspekt sichtbar, denn von einem *fairen* Vertrag wird man hier ja nicht reden können. Der Hinweis auf das Jahr findet sich in vielen Märchen („übers Jahr") als Ankündigung einer Geburt, er symbolisiert also wohl die Zeiteinheit für einen menschlichen Reifungsschritt. Das Märchen betont ausdrücklich daß die Auseinandersetzung mit der archetypischen Gestalt des Och in „jener anderen Welt unter der Erde", also im Bereich des Unbewußten stattfindet. Auffällig ist die Allgegenwart der Farbe grün als Ausdruck des Wachstums und der Natur.

Das dreimalige Verbrennen symbolisiert den Läuterungsprozeß des jungen Mannes. Gemäß der bekannten Dreizahl findet ein Geschehen statt, das den Tod des „faulen Lümmels" und die Geburt des „flinken und schönen Burschen" zum Inhalt hat. Hatte bereits der verkohlte Baumstamm auf die „Köhlerexistenz" Ochs hingewiesen, so wird dies nun in seiner vollen Bedeutung offenbar. Das Ziehl des Köhlers, Holz und Holzkohle zu verarbeiten, bedeutet ja *Energie zu konzentrieren*. Die Asche wird in den Wind gestreut, das Überflüssige geht sprichwörtlich verloren; die Metapher „Wasser des Lebens" ist bekannt, nicht zuletzt auch im Zusammenhang mit der Taufe. Die Fragen lenken den Blick auf die Tatsache, daß in archaischen Gesellschaften dem Holz eine bedeutende Rolle zukommt als Energieträger, Baustoff u. v. a. Mythologisch findet dies Aufnahme in Schöpfungsvorstellungen, wonach der Mensch aus Holz gemacht ist (sprichwörtlich „der ist aus hartem Holz geschnitzt!") oder indem Holz zu den Grundelementen der Welt gezählt wird. Wenn man die Bedeutung des Kohlenstoffes als Grundstoff des Lebens bedenkt, dann ist das ja auch gar nicht so falsch.

Wie bereits der ungleiche Vertrag andeutet, ist der Waldkönig Och nicht willens, den jungen Mann nach der vereinbarten Zeit wieder frei zu geben. Es gelingt gemäß der Logik des Märchens wieder erst beim dritten Anlauf. Der kollektive Charakter des Geschehens wird deutlich einmal daran, daß der Vater den Sohn aus der Herde der Tiere nicht unterscheiden kann, zum anderen sind Huhn und Schaf auch sprichwörtlich dumme, undifferenzierte Tiere. Das Nichterkennen drückt aber auch aus, wie wenig persönlich die Beziehung zwischen Vater und Sohn eigentlich ist.

Eine neue Qualität bekommt die Geschichte erst durch das Auftauchen einer anderen Gestalt, der des „Alten Weisen". Sie verkörpert hier einen Aspekt des Vaterarchetyps, ist gleichzeitig aber auch ein Symbol für das Selbst. Die weiße Farbe soll die Ganzheit aller Farben des Farbspektrums darstellen. Der Auftritt dieser Gestalt führt dann auch in der Folge zu einer vorläufigen Ganzheit, der junge Mann wird zu einem „schmucken Burschen". Er löst auch das sich wiederholende ungleiche Verhältnis zwischen dem Erzeugervater und dem Lehrmeister Och. Jetzt wird auch eine neue Beziehung zwischen Vater und Sohn möglich. Die Taube, als Vogel der Luft und damit der Welt des Geistigen zugehörig, in der christlichen Tradition gar als Symbol des Heiligen Geistes, weist bereits in ihrem Kontrast zu den kollektiven Tieren auf diese Entwicklung hin.

Die Initiative, die „Armut" zu überwinden, geht jetzt konsequenterweise vom Sohn aus. Konnte man zunächst erwarten, daß der Reifungsprozeß nun zu einem vorläufigen inneren Abschluß gekommen wäre, so zeigt sich hier aber, daß der junge Mann noch kein „Held" ist (vgl. dazu die Ausführungen zu E/2), sondern noch ein „Trickster". Auch hier führt nun der dritte Versuch zu einer neuen Entwicklung. Sie macht u. a. deutlich, daß der leibliche Vater selbst wohl nichts dazugelernt hat, seine Unbewußtheit liefert den Sohn wieder dem Och aus. Das Ritual des *Kauftrunks* wiederholt die Szene des ersten Vertrages. Die Frage nach dem Verrat des Vaters an seinem Sohn öffnet den Blick für Parallelen, wo Väter ebenfalls bereit sind ihre Kinder zu opfern (etwa Gen 22 und Ri 11) bis hin zum Geschehenen um die Passion Jesu.

Indes zeigt sich das Tricksterverhalten des jungen Mannes auch gegenüber dem Och. Wiederum im dritten Handlungsschritt verwandelt er sich in den Ring mit dem kostbaren Stein, ein Ganzheitssymbol. Man kann dies auch so sehen, daß er jetzt den „Alten Weisen" soweit verinnerlicht hat, daß er einen Grad der Reife erreicht hat, der ihm eine gewisse Autonomie gegenüber den bedrängenden Aspekten des nun negativ gewordenen Vaterarchetyps verleiht (vgl. die Rückkehr der Goldmarie bei „Frau Holle"). Nicht zufällig taucht in dieser Phase die gegengeschlechtliche Gestalt auf, vordergründig außen, aber wohl ebenso als Animafigur im innern zu verstehen. Außerdem tritt mit dem Zaren noch eine weitere Gestaltung des Vaterarchetyps auf. Dieser repräsentiert die Macht, auch als König das herrschende Prinzip. Nicht zuletzt verfügt er über die Tochter und das „Reich", was darauf hindeutet, daß der Weg zur Ganzheit zum Selbst über für den Mann über die Anima läuft. So erweist sich auch hier die Animafigur als Garantin des Wandlungsprozesses. Sie leistet den für diesen jungen Mann in diesem Moment negativen Vaterfiguren Widerstand. Die Doppelgestaltigkeit des archetypischen Geschehens kann man gut erkennen an der Klage des Zigeuner-Och „Ich kann nicht länger leben, wenn ich den Ring nicht mitbringe". Der Magister braucht den Schüler als Gegenüber, ohne ihn kann die Beziehung nicht bestehen, der Rückzug dieses „Schülers" wirkt als Bedrohung.

Wie sehr sich die Situation geändert hat, wird auch darin deutlich, daß jetzt der *Och als Hahn* die Hirse pickt, wie dies vorher der junge Mann getan hatte. Die Zarentochter bringt schließlich die endgültige Rettung vor dem Och. Jetzt ist offensichtlich der Reifungsprozeß des jungen Mannes vorerst abgeschlossen, die männliche Identität soweit hergestellt, daß die Hochzeit stattfinden kann und intrapsychisch die Anima ihren Platz in seiner Seele gefunden hat.

Für die abschließende Betrachtung ist es wichtig, die vier Vateraspekte und die ihnen entsprechenden Sohnrollen nochmals festzuhalten:

Erzeugervater	Lehrer	Alter Weiser	Zar/Inhaber der Macht, des Reichs und der Tochter
Sohn	Schüler	Reifender	Schwiegersohn, zukünftiger Teilhaber der Macht

Die Überlegung, wieweit diese Elemente in unserem väterlichen Gottesbild mitenthalten sind, bzw. welche möglicherweise fehlen, soll an dieser Stelle bewußt offen gelassen werden und zu eigenen Überlegungen anregen (vgl. dazu die Ausführungen zu E/10–E/11).

Das Selbst

Wie bereits aus der Definition zu erschließen, handelt es sich beim Archetyp des Selbst um einen zentralen Begriff der Analytischen Psychologie C. G. Jungs. Der Archetyp des *Selbst* beinhaltet, auch wenn der deutsche Alltagssprachgebrauch hier mißverständlich sein mag, etwas grundlegend anderes als das Ich. Wie alle Archetypen manifestiert sich auch dieser in einer personalen Gestalt (unter anderem *auch*), so daß man mit aller Vorsicht von „meinem" Selbst sprechen kann. Dies aber nur unter der Voraussetzung, daß ich, d. h. mein Bewußtsein und meine Willenskräfte niemals imstande sein werden, dieses „mein" Selbst zu erfassen. Es beinhaltet die Ganzheit meiner Person in Geist, Körper und Seele, aber darüber hinaus die Fülle der Möglichkeiten, das Ganze meiner Lebensgeschichte von der Geburt bis zum Tod und darüber hinaus. Dies erklärt, warum „Selbst"-Erfahrung ein äußerst komplexer Prozeß ist, in dem das Ich Teilen des Nicht-Ich begegnen kann. Dabei tritt das Selbst selber in symbolischen Gestaltungen auf, die dort, wo sie dem Ich begegnen, ein tiefes Gefühl der Betroffenheit auslösen. Die Definition des Religionswissenschaftlers Rudolf Otto (Das Heilige. Über das Irrationale in der Idee des Göttlichen und sein Verhältnis zum Rationalen. 1963 [1936]), der Religion als Tremendum et Fascinosum, also als etwas Erschütterndes und Faszinierendes, dürfte den Sachverhalt einer Begegnung mit dem Selbst gut beschreiben.

Wie auch bei den anderen Archetypen steht hinter dieser „persönlichen" Ausprägung immer eine kollektiv-überpersönliche Gestaltung, die in der persönlichen Form gewissermaßen ihre Konkretion gefunden hat. Die *Qualitäten* die diesem Selbst dann zukommen, die Organisation aller Lebens-, Sterbens-und Wandlungsprozesse, das Umfassen von Vergangenheit, Gegenwart und Zukunft, soweit wir dies empirisch aus den Symbolen der Psyche erheben können, verweisen natürlich über das Psychische hinaus. Das, was die Analytische Psychologie über das Selbst aussagt aufgrund ihrer empirischen Befunde, deckt sich weitgehend mit den Aussagen und Bekenntnissen des Gläubigen über Gott. Damit ist aber das Problem erst aufgezeigt. Jung hat selbst immer betont, daß er als *Psychologe* Aussagen über Psychisches macht. Die Versuchung, diese Befunde nach der Art eines Gottesbeweises zu deuten, ist stets gegenwärtig (zur Problematik Barth C/5). Für den Glaubensakt des Einzelnen wird man den „Gottesbeweis" insofern gelten lassen müssen, als wir natürlich nicht darüber hinwegsehen können, daß auch die Erfahrungen des Glaubens sich in psychischer Gestalt vollziehen. D. h., auch das Wort Gottes der Bibel muß ja in empirisch durchaus verifizierbarer Weise in unseren Geist und unsere Seele vermittelt werden, auch das Hereinbrechen einer anderen Wirklichkeit kann nur in den Kategorien *dieser unserer* Wirklichkeit erfaßt und beschrieben werden.

Hesses „Siddhartha" enthält den Lebensweg des Helden als einen „Selbst"-Findungsprozeß. Der Textauszug zeigt die vielleicht dramatischste Stelle, wo Siddhartha in der Situation der größten Gefährdung in erleuchtender Weise seinen Lebenssinn wiedererlangt. Die Szene spielt an einem großen Fluß, traditionellerweise ein Ort des Übergangs (vgl. G/2 zu Gen 32); das Motiv des Fährmanns weist *zurück* in die Kindheit und *voraus* auf das eigene Fährmannsein.
Der Lebensbaum gibt dem schwachen Ich den Halt, als er bereit ist, zu sterben. Der Blick ins *grüne Wasser* führt zum Prozeß der *Selbst*-Erkenntnis. Grün als Symbol des Wachstums (vgl. E/12), das Wasser als Spiegel und als Symbol des Unbewußten.
„Eine schauerliche Leere spiegelte ihm aus dem Wasser entgegen, welcher die furchtbare Leere in seiner Seele Antwort gab".
Der Spiegel des Wasser bringt die Begegnung mit dem Selbst in doppelter Weise: er sieht, wie es um ihn steht, er sieht sein Gesicht, er sieht dem Tod entgegen. Das Selbst aber enthält nicht nur dies, sondern „offenbart" sich ihm in einer überwältigenden Ganzheitserfahrung. Dies führt zu der Einsicht: „Was alle Qual dieser letzten Zeiten, alle Ernüchterung, alle Verzweiflung nicht bewirkt hatte, das bewirkte dieser Augenblick, da das Om in sein Bewußtsein drang: daß er sich in seinem Elend und in seinem Irrsal erkannte. ... Und er wußte um Brahman, wußte um die Unzerstörbarkeit des Lebens, wußte um alles Göttliche wieder, das er vergessen hatte!"
Am Fuß des Baumes legt er sich zum Schlaf. Die Wurzel symbolisiert sein neues Verhältnis zur lebensspendenden Kraft aus dem Unbewußten, ebenso der Schlaf. Wie auch auf der Realebene die Nähe des Todes die Umkehr zum Leben bringt, so enthält die Geschichte auf der Symbolebene den Tod des alten Siddhartha und die gewandelte Neugeburt; dies in besonderer Weise eine Manifestation des Archetyps des Selbst.

E/14   **Der Individuationsprozeß**

Über das oben (E/4 – E/13) Gesagte hinaus geht es bei diesem Text darum, die von Jung gemachte Aussage, daß in unserem Kulturkreis der Archetyp des Selbst sich in besonderer Weise in der Gestalt des *Christus* manifestiert, aufzunehmen. Die strukturelle Nähe der Legende vom 4. König etwa zu Hesses Siddhartha aber auch zur Lebensgeschichte Buddhas (vgl. H. Halbfas: Das Welthaus. Ein religionsgeschichtliches Lesebuch. 1983 S. 52 ff.) weist darauf hin, daß in dieser Geschichte in einer überpersönlich-symbolischen Weise der Individuationsprozeß aufgezeichnet wird. Aus christlicher Sicht gewinnt der Begriff der *Nachfolge* eine ganz besondere Tiefe. Jesus spricht ja in der Ersten Leidensankündigung davon, daß der zur Nachfolge Bereite, jeweils *sein* eigenes Kreuz auf sich zu nehmen habe (Mt 16,24) mit den nachfolgenden Worten vom Gewinnen bzw. Verlieren des Lebens. Methodisch ist der Text so aufbereitet, daß die Schüler selbst die wichtigsten Überlegungen erarbeiten können sollten.

Ist heute in der auf Mt 2 sich gründenden Fassung der Legende, die sich in der kirchlichen Tradition weitgehend durchgesetzt hat, von drei Königen (eigentlich Magier) die Rede, die den vierten, neugeborenen König suchen, so nimmt die russische Legende die Zahlensymbolik so auf, daß neben den kollektiven drei Königen, ein junger *vierter* König mitgegangen sei, der den Weg zu Christus nicht in einer kurzen anbetenden Begegnung findet, sondern im Zuge seiner Nachfolge. Das Thema, die erstrebte Ganzheit, wird durch die Vierzahl, aber auch durch die kostbaren Geschenke ausgedrückt. Der Stern erweist sich als das am Himmel sichtbare Selbstsymbol. Man kann dies als Projektion deuten, die später, als der Stern in der eigenen Seele erscheint, zurückgenommen wird. Die nach außen gerichtete Einstellung, fixiert auf das Ziel, macht blind, taub und einseitig. So werden die Könige nicht gewahr, daß der Weg mit zum Ziel der Ganzheit mit dazugehört (vgl. Abb. Labyrinth an der Kathedrale von Chartres zu F/5).

Das verwundete Kind symbolisiert die Begegnung mit den Verletzungen der eigenen Kindheit. Der Prozeß der Selbsterfahrung beginnt meist mit einer Regression zu den Traumata der Kindheit. Die Fünfzahl der Wunden verweist natürlich auf Christi Kreuzeswunden, ist aber auch die Zahl der Großen Mutter, die als Entsprechung zur Kindheit immer mitkonstelliert ist.

Dieser erste Schritt, das Kümmern um dieses verletzte Kind (auch und gerade auch in ihm!) führt zu seiner Vereinzelung, der notwendige Preis der Individuation; sie macht ihn aber im Gegensatz zu seinen Kollegen, zu denen er diesmal noch Anschluß findet, hellhörig.

Als zweiter Schritt des Individuationsprozesses erscheint hier die Konfrontation mit dem Tod. Die Parallele zu der Begegnung Buddhas ist offensichtlich (vgl. D. Sölles Gedicht im Anschluß). Diese Begegnung, subjektstufig das Sterben einer bestimmten Lebensphase und ihrer Identität, drückt sich aus in den Symptomen der Depression, Trostlosigkeit und Verzweiflung. Er erfährt den Preis des Todes, die Kosten seiner Wanderung. Auf der anderen Seite geht es um den Tod eines Vaters. Nicht zufällig ist dieses Ereignis verknüpft mit der endgültigen Trennung von den drei andern, zum schweren Weg der eigenen Selbständigkeit.

Die nächste Szene führt das Todesmotiv noch weiter: ein fremdes Land, Krieg, die größte Entfremdung, das extremste Auseinandertreten aller Gegensätze. Die Erfahrung des Negativen wird noch gesteigert, sein letzter Stein ist vergeben, er selbst ein Bettler und auch sein Stern leuchtet ihm nicht mehr. Der junge König war ausgezogen den Gottkönig und Erlöser zu suchen und fand sich nun wieder in der größten Unerlöstheit. Zusammen mit der nächsten Szene wird damit das negative Extrem dieser Geschichte erreicht, gewissermaßen ihr Wendepunkt. Damit findet ein Grundprinzip des Individuationsprozesses seinen Ausdruck, daß gerade Not und Bedrängnis das Rettende bringen oder mit dem bereits oben angeführten Mt-Zitat (16,25) „Denn wer sein Leben erhalten will, der wird's verlieren; wer aber sein Leben verliert um meinetwillen, der wird's finden."

Der Hafen ist der Ort des Übergangs vom Wasser zum Land und umgekehrt, in Süddeutschland hat „Hafen" ja auch die Bedeutung von Gefäß. Dieses Motiv findet sich wieder im Schiff. Der alchemistische Prozeß, der mit dem geringsten Material in seiner zerstückelten Form beginnt und der mit der Gewinnung des philosophischen Goldes enden soll, kann jetzt seinen Anfang nehmen. Jung sah in der Symbolik der Alchemie ein korrektes Abbild der von ihm beobachteten psychischen Prozesse.

Gleichzeitig läßt sich das Schiff als mütterliches Symbol auch als Ort der Regression deuten im Sinne einer Rückkehr zu den Anfängen mit dem Ziel eines Neubeginns. Dies kündet sich dann auch an durch das *innere Licht*. Der Abzug der Libido vom äußeren Objekt und ihre Wendung nach innen läßt dort das leitende Selbstsymbol wieder erscheinen. Dies gibt dem König die Möglichkeit, etwas davon auch nach außen hin spüren zu lassen. Die Befreiung läßt nun seine Libido sich auch wieder nach außen wenden. Dabei weist der Traum auf das von der Analytischen Psychologie nicht selten beobachtete Phänomen der Synchronizität, d. h. auf eine Gleichzeitigkeit von Erscheinungen oder Handlungen ohne eine wahrnehmbare Kausalität: der Stern im Traum ist begleitet vom Auftauchen des Stern am Himmel, ohne daß man sagen kann, daß das eine das andere bewirkt hätte. Die Dreizahl der Kreuzespfähle nimmt nun in anderer Gestalt noch einmal die Erinnerung an die drei Könige des Anfangs auf. Wieder verlischt der Stern des jungen Königs, aber diesmal tritt an seine Stelle der Christus, der selbst der Stern ist (vgl. etwa „Die Nacht ist vorgedrungen …"). Die Beschreibung seines Äußeren versucht die Qualität der Ganzheit zu erfassen, was zwangsläufig nur andeutungsweise und fragmentarisch geschehen kann. Wieder folgt ein Synchronizitätsphänomen: wie ein *Blitz* gewinnt sein Leben, sein Suchen einen *Sinn* als Nachfolge im Sinne von Mt 25,40. Die Edelsteine erscheinen wieder, nun aber verlebendigt. Die Nachfolge wird zur totalen Identifikation. Der König und der Christus *sterben im selben Augenblick*.

Der Individuationsprozeß erweist sich als der vom Selbst gesteuerten Prozeß des menschlichen Lebens, als der Weg zur Ganzheit, wobei die Ganzheit gerade nicht als Vollkommenheit sich äußert, sondern als Vollständigkeit, die *das Ziel und den Weg* umfaßt und auch und gerade die dunklen Seiten miteinbezieht, wobei diese in *geschenkter Einsicht* dann auch sinnhaft erfahren werden können.

Zur Ergänzung:

* Erinnere dich an gotama

Erinnere dich an gotama jüngling aus reichem hause
der so behütet wurde um nicht zu sagen vermummt
daß er mit achtzehn jahren
auf einem spaziergang durch den park
unheilbar erschrak für sein leben
er sah dort vier figuren
die man auch dir gern versteckt
die krankheit
den hunger
das alter
den tod
einer von diesen schon war genug
die mauer des gartens einzureißen

und den park zu verwüsten
und die goldenen steine mit denen sein kleid besetzt war
schwarz zu machen für immer

Da es nun vier waren und kein übersehen möglich
auch keine handvoll reis half
der alte hatte keine zähne
auch kein wort trost
der hungrige starb
auch kein beutel gold
der kranke konnte nicht gehen
auch kein vergessen
weil einer der vergißmeinnicht war der tod
da zog er aus dem schönen hause fort
und ließ kleider zurück und geld und ehren und eine frau
die jung war und gerade ein kind bekommen hatte
der gotama aber ging fort
weil er die vier gesehen hatte

Der nun von dem ich dir erzählen will
hat die vier auch getroffen als er durch sein land ging
in den höhlen nazareths sah er die krankheit
die rasselte dort mit der klapper
in der steinwüste traf er den hunger an
und die alten sah er vergeblich hocken bei jericho
den tod aber hat er getroffen als er am jordan stand
und sich taufen ließ von einem dem schlugen sie bald
den kopf ab

Alle diese begegneten ihm
aber er wandte sich nicht ins gebirge der weisheit
sondern er lud sie zum essen ein
an seinem tisch saßen sie
alter und hunger krankheit und tod
auch zogen sie mit ihm die staubigen wege
wo es keinen schatten gab auf stunden
auch begleiteten sie ihn des nachts
denn ich nehme an daß er nicht gut schlief
gemeinhin

Dorothee Sölle

aus: meditationen & gebrauchstexte, Berlin 1969, W. Fitkau Verlag

3.6 Block F: C. G. Jung und die Religion

Wie bereits in den Anmerkungen zu Block E erwähnt, liegt in der Bewertung der Religion ein grundlegender Dissens zwischen Freud und Jung. Von seinem Herkommen als Pfarrerssohn und in seiner grundsätzlichen Einstellung (vgl. E/1) war Jung wohl prinzipiell offen für die Phänomene des Religiösen. Die ausgewählten

Texte wollen zeigen, wie Jung die Äußerungsformen von Religion bewertet hat und welchen zentralen Stellenwert sie in seiner Theorie einnehmen.

Aus der Perspektive eines Christen und Theologen erscheint Jungs Einstellung auf den ersten Blick unproblematisch. Die Analytische Psychologie stellt die Religion nicht in Frage, ja sie betont sogar deren Notwendigkeit für die Gestaltung eines gelungenen Lebens. Die Problematik tritt dort zutage, wo der Absolutheitsanspruch des Christentums sich zwangsläufig gegen konkurrierende Religionen bzw. religiöse Erscheinungen wendet, von der grundsätzlichen „Religionskritik" Barths gar nicht zu reden. Nun kann man mit Recht einwenden, daß es nicht Aufgabe der Psychologie sein kann, die Absolutheit des Christentums zu „beweisen", sondern daß dies allein Sache der Theologie sein könne und müsse. Das Problem entfaltet sich auf einer anderen Ebene: Jung beharrt immer wieder darauf, als Empiriker zu sprechen. Er redet als Wissenschaftler über religiöse Phänomene und geht dabei über das bloße registrierende Beschreiben etwa im Sinne der Religionswissenschaft hinaus und betont ausdrücklich, daß die Sache selbst nur von innen als religiöser Mensch begriffen werden kann und nicht aus der Perspektive des Zuschauers. Gerade dadurch gewinnen seine Aussagen aber eine besondere Verbindlichkeit. Wenn er etwa Feststellungen über die Wirksamkeit verschiedener Gottesbilder für die seelische Entwicklung macht, dann argumentiert er natürlich als Psychologe und mischt sich keinesfalls in theologische Diskussionen um dogmatisch korrekte Aussagen ein. Gleichwohl wird man theologisch die Diskussion nicht völlig losgelöst davon führen können. Die gesellschaftlichen Konsequenzen theologischer Topoi werden ja zunehmend mitbedacht, denken wir etwa an die Überlegungen zum Gehorsam im Zusammenhang mit Gen 22. Und wenn etwa Jung das katholische Dogma von der leiblichen Aufnahme Mariens in den Himmel als psychologisch angemessen und förderlich bewertet, so wird dies theologischerseits durchaus zustimmend oder kritisch vermerkt werden.

Entscheidend für die Differenz beider Ansätze ist u.a. das Wahrheitskriterium. Theologisch gilt die Heilige Schrift als letzte Instanz, in der Tiefenpsychologie die Evidenzerfahrung bzw. die Mitteilung des Selbst.

Sofern beides – innerhalb eines weiten Spielraums – zusammenfällt, wie etwa bei E/14, werden sich psychologischer und theologischer Standpunkt einander interpretieren und vertiefen können. Führt die innere Entwicklung eines Menschen definitiv vom Christentum weg, z. B. zu einer anderen Hochreligion, so wird man das theologischerseits bedauern, mit Recht diesen Heilsweg in Frage stellen, letztlich aber zu akzeptieren haben, zumal dies den umgekehrten Weg nicht ausschließt und die Möglichkeit der Mission immer gegeben ist. Am heikelsten ist das Verhältnis vermutlich dort, wo innerhalb eines theologischen Paradigmas Modifikationen vorgenommen werden sollen aufgrund solcher religiösen Erfahrungen, die sich ja theologisch gesprochen als Offenbarung manifestiert. Wird hier der individuelle Rahmen, der für Nicht-Amtsträger ja sehr, sehr weit ist, überschritten und als kollektive Neueinsicht eingebracht, z. B. bestimmte extreme Positionen feministischer Provenienz, dann ist ein Konflikt gegeben, der strukturell nicht lösbar erscheint, weil dort, wo wirkliche religiöse Erfahrungen zugrunde liegen, wohl kaum eine Möglichkeit zur Einigung oder zum Kompromiß gegeben scheint. Die Theologie wird immer mit Schrift und Bekenntnis zu reagieren haben, wenngleich ihre *Tradition* auch deutlich macht, daß Neuinterpretationen immer notwendig und möglich sind und der Schatz der Heiligen Schrift reicher ist als die dogmatischen Konklusionen, deren jeweiliger „Sitz im Leben" immer auch mitzubedenken wäre.

Als Resümee kann man vielleicht festhalten: Die Analytische Psychologie verhandelt notwendigerweise auch religiöse Inhalte. Sie konstatiert diese und zeigt auch ihre Wirkungen auf das Seelenleben der Menschen, deren Gesundheit, Krankheit und Entwicklung. Sie nimmt sie als Evidenzerfahrungen, über deren *Funktion* sie etwas aussagen kann, *nicht* über deren *Wahrheit*. Theologie versteht sich dagegen als Auslegung der Offenbarung Gottes in der Heiligen Schrift. Sie wird religiöse Phänomene nach diesen Kriterien zu beurteilen haben und danach nach *Wahrheit* und *Falschheit* zu unterscheiden.

Da *Glaube* und *Leben* der Menschen im Lichte beider Ansätze gesehen werden können, sind auch Aussagen aus beiden Perspektiven möglich und sinnvoll. Wo die Theologie die Konsequenzen ihrer Lehre betrachtet, wird sie die Ergebnisse der Tiefenpsychologie neben vielen anderen mitzuberücksichtigen haben. Wo die Analytische Psychologie Religion als kollektives, nicht bloß individuelles Phänomen sieht, wird ihr in unseren Breiten die christliche Tradition zwangsläufig in den Blick geraten und deren Logik ein wichtiger Schlüssel zu vielen Manifestationen im Bewußtsein und im Unbewußten.

Religion und Wirklichkeit F(Z)1

Der Text hebt auf die prinzipielle Unbeweisbarkeit bezüglich religiöser Dinge ab. Allein die *Funktion* ist für den Psychologen wichtig. In gewisser Hinsicht handelt es sich hier um eine ähnliche Einstellung wie in Pascals berühmter Wette. Da sich Existenz bzw. Nicht-Existenz Gottes nicht beweisen lassen, richtet sich der Blick auf die Konsequenzen des Glaubens.

Ergänzungsmaterial:

* *Die Wette*

Leidenschaftlich verteidigt der Mathematiker, Physiker und Philosoph Pascal (1623–1662) Macht und Würde der menschlichen Vernunft. In allen Bereichen der Lebens- und Weltdeutung wendet er sie an und läßt er sie sich entfalten. Dabei gelangt er an eine Grenze: Wir sind unfähig zu erkennen, was Gott ist! Die Grenze führt an einen Abgrund, vor dem bis dahin die meisten zurückschreckten: Wir sind sogar unfähig zu erkennen, ob Gott ist!
Die schließende Vernunft kann von da an keine Gewißheit mehr bieten. Führt die Spekulation vielleicht weiter, wenn sie alternative Möglichkeiten durchspielt? Was kann man gewinnen, und was steht auf dem Spiel, wenn man auf die Existenz oder die Nicht-Existenz Gottes setzt?

A: Ob es Gott gibt oder nicht, kann man nicht sicher entscheiden. Stimmst du dem zu?
B: Ich stimme zu.
A: Also können wir die Frage auf sich beruhen lassen.
B: Nein, ich glaube trotzdem an Gott.
A: Aber kannst du an etwas glauben, was du nicht beweisen kannst? Ich glaube nämlich, daß es keinen Gott gibt.
B: Aber wie kannst *du* das glauben, wenn du es auch nicht beweisen kannst?
A: So kommen wir nicht weiter. Ich habe ja gleich gesagt, daß man die Frage nicht entscheiden kann.

B: Ich bin einverstanden. Deshalb schlage ich dir ein anderes Verfahren vor. Wir wollen wetten.

A: Wieso wetten?

B: Nun, ein Spiel –, aber ein Spiel mit Folgen, ein Spiel am Abgrund! – Ich wette, daß es einen Gott gibt.

A: Gut, ich wette also, daß es keinen Gott gibt! Und was bekomme ich, wenn ich gewinne?

B: Nichts!

A: Nichts?

B: Ja, wenn du nämlich gewinnst, hast du zwar Recht: Es gibt dann keinen Gott. Aber im Grunde hast du verloren! Und ich habe auch verloren. Wenn es keinen Gott gibt, ist unser Leben sinnlos und leer.

A: Und wenn du gewinnst?

B: Nun, dann habe ich doppelten Gewinn: Ich habe recht behalten: es gibt einen Gott! Damit gibt es zugleich Glück und Zukunft für den Menschen – auch für mich. Für dich aber auch. Du hast also mit mir gewonnen.

A: Das sehe ich ein. Aber wir sind immer noch nicht weitergekommen. Ob es Gott wirklich gibt, ist genauso ungewiß wie vorher.

B: Ja und nein. Es ist doch immerhin klar geworden, daß du dich entscheiden mußt und daß die Entscheidung Folgen hat.

A: Und du meinst, deshalb schon sollte ich mich für den Glauben an Gott entscheiden?

B: Ja sicher. Bedenke doch: du mußt zwischen zwei Antworten wählen, die sich ausschließen, die aber mit gleicher Wahrscheinlichkeit richtig sind. Eine Antwort hat gute Folgen, die andere schreckliche. Wie kannst du da noch zögern?

A: Aber, wenn ich mich dabei irre?

B: Dann hast du nichts verloren. Du hast eine Illusion geglaubt, gewiß. Aber im anderen Fall hättest du das Nichts gewählt, das kann dich auch nicht glücklich machen.

A: Du meinst also, ich muß eigentlich an Gott glauben.

B: Nein, du mußt nicht. Aber es ist deine einzige Chance.

nach Blaise Pascal

Das von Pascal gestaltete Motiv der Wette wurde von Joseph Wohlmut und Franz W. Niehl neu bearbeitet. G. Neumüller/F. W. Niehl: Gott und Gottesbilderkonzepte 2. Frankfurt/München 1977 Diesterweg/Kösel.

F/2 Definition der Religion

Der erste Text erinnert in manchem an Freuds Aussagen C/2, weisen jedoch durch die Anerkennung der archetypischen Qualität des Göttlichen darüber hinaus (vgl. E/1 und E/3).

Dagegen bestimmt der zweite Text die Religion als ein eigenständiges Phänomen *im Gegenüber* zur bewußten Einstellung.

Die Behandlungsgeschichten lassen sich als Dokumentation des F/1 Gesagten lesen. Die erste Geschichte zeigt sehr schön, wie sich gewissermaßen von der Übertragungsebene her, wo vordergründig eine ödipale Konstellation bearbeitet wird, sich der religiöse Inhalt in den Vordergrund drängt. Hier wird ganz deutlich, daß der therapeutische Prozeß die Stimme des Unbewußten zu hören hat, auch wenn dies nicht immer leicht für die bewußte Einstellung ist. Über die *konkrete Qualität* des Gottesbildes erfahren wir nichts. Für den Psychologen ist es nur wichtig als spezifische Ausdrucksform des Unbewußten, für den Theologen wäre es entscheidend.

Der zweite Fall dokumentiert auf frappierende Weise, wie sehr unsere religiöse Tradition eine bedeutende Wurzel unseres Lebens ist. Jung hat an anderer Stelle davon gesprochen, daß die Psychotherapie in der Neuzeit in die Lücke stoßen mußte, die der Abfall von der Religion hinterlassen hat. Ohne die Aufnahme ihrer religiösen Tradition (wenn auch in der ihr gemäßen Weise) kann die Klientin ihre Sinnfrage, den Kern ihrer Neurose, nicht beantworten.

Zur Diktion sei angemerkt, daß Jung durchaus ein Kind seiner Zeit war und wir heute Aussagen zum Judentum anders formulieren würden, z. B. ohne den fragwürdigen Rassebegriff zu benutzen.

Gottesbild, Selbst und Mandala

Jung setzt ein mit einer Aufzählung verschiedener Gottesbilder. Er betont als Psychologe die Bedeutung der jeweils spezifischen Äußerungsformen des Göttlichen. Wichtig ist jedoch auch die Aussage „Gott nähert sich den Menschen in Gestalt von Symbolen. Aber wir sind weit davon entfernt zu wissen, ob das Symbol richtig ist oder nicht." Hier wird einerseits das *extra nos* (Gott ist außerhalb unserer Person im weitesten Sinne) ausdrücklich betont, eine theologisch durchaus nachvollziehbare Position.

Jungs wissenschaftliche Annäherungsversuche gelten immer dem Symbol, mit der fast aufklärerischen Erwartung, daß dieser Akt menschlicher Bewußtseinsarbeit selbst ein Beitrag zur Bewußtseinsentwicklung der Menschheit sein könne.

Der zweite Text hat zur Voraussetzung das Jung'sche Diktum, wonach sich *empirisch Gottesbild* und *Selbstbild nicht unterscheiden* lassen. Als Konsequenz findet sich eine besondere Nähe der Jung'schen Theorie zu all den Formen von Religiosität, wo die innere Versenkung, die *Selbst*-Erfahrung eine wichtige Rolle spielt, so z. B. zur christlichen Mystik oder zur christlichen Gnosis. Bezeichnenderweise handelt es sich hier eher um – vielleicht zu Unrecht vernachlässigte – Nebenlinien der christlichen Tradition. Theologischerseits wird hier meist der Vorwurf der Selbsterlösung bzw. Unklarheit bezüglich des extra nos Gottes erhoben. Für Jung selbst stellt dies freilich kein Problem dar, vielmehr entdeckt er in den Zeugnissen dieser Glaubenstraditionen eine Fülle von Material zu den Träumen und inneren Bildern seiner Klienten, besonders in den entscheidenden Phasen des Individuationsprozesses.

Die gnostischen Handschriften, die Jung hier zitiert, nehmen verschiedene Stellen des NT auf: etwa, daß wir die *Stadt auf dem Berge* sein sollen (Mt 5,14), wobei hier immer auch der Gedanke an das himmlische Jerusalem (Offb. 21) mitgedacht ist.

Daß in Christus *alle Fülle wohnen solle* und *in ihm alles geschaffen* ist, erfahren wir Kol 1,15 ff. All dies verdichtet sich in dem Bild der Stadt mit den vier Toren, einem Mandalasymbol. Der Begriff Mandala stammt aus dem indisch-tibetanischen Raum, wo das Mandala als Vorlage zu Gebet und Meditation dient.

Jung weist nun gerade darauf hin, daß diese Figuren in allen Religionen und Kulturkreisen auftauchen, um als „Selbst"-Bild zu dienen, so auch im christlichen Raum (vgl. Abb.). Das sich *Hineinbegeben* in dieses Mandala, sei es rituell wie die Puebloindianer oder durch Meditation, ist die Voraussetzung für ein wirkliches tieferes Verständnis. Wenn man so will, verdichtet sich der Selbsterfahrungsprozeß in diesem Symbol, wie etwa auch in der Meditationssilbe „Om" in Hesses Siddhartha (E/13). Das Mandala enthält, vereinfacht gesagt, in symbolischer Verdichtung den Individuationsweg in sich. Man kann dies schön sehen an dem Labyrinth der Kathedrale von Chartres (F/5), wo der Todesweg gemäß dem Uhrzeigersinn hin zur Mitte führt und dann der Weg der Neugeburt entgegen dem Uhrzeigersinn wieder heraus. Daß im Zentrum des christlichen Mandalas Jesus Christus steht, bedarf keiner weiteren Erklärung.

F/5   Mandalas

Es kann hier nur darum gehen, das zu F/4 Gesagte noch weiterzuführen. Es empfiehlt sich die Übung mit dem Labyrinth der Kathedrale von Chartres ohne Lektüre des Zusatzkommentars mit dem Bleistift nachzufahren und anschließend in der Klasse über die jeweiligen Erfahrungen zu sprechen. Es bereitet den Schülern meist ein echtes Aha-Erlebnis, denn das Labyrinth steht quer zu unserer Alltagserfahrung, wonach es darum geht, möglichst schnell ein Ziel zu erreichen, wobei der Weg dahin vergleichsweise weniger wichtig ist. Der Nachvollzug ermöglicht es, sinnlich zu erfahren, daß Ganzheit *Weg* und *Ziel* umfaßt und daß das Ziel dann, wenn man wieder weit entfernt sich glaubt und nicht mehr mit dem Erreichen rechnet, gleichsam geschenkt wird.

Das abgebildete indianische Mandala ist eine Sandmalerei der Navajos. Wenn wir uns von außen her nähern, sehen wir, daß die Pfeile wieder dem Uhrzeiger nachgehen. In den vier Himmelsrichtungen (vgl. F/4) sind vier Adlergestalten, weiß bzw. schwarz-weiß. Sie symbolisieren energetische Kräfte, die durchaus auch negative Qualität haben, die aber, wenn das Ich sie in seinen Dienst zu nehmen vermag, hilfreich wirken können (vgl. E/4). Es ist für Mandalas als Ganzheitssymbole überhaupt typisch, daß sie auch dunkle Seiten enthalten, denn auch der Schatten gehört mit zur Ganzheit dazu. An der zentralen Stelle steht dann als Gestalt des Selbst der „Heilige Krieger". Er verkörpert den Sieger über die dämonischen Kräfte, denen er selbst entstammt, die er aber positiv gewendet hat, daher auch der merkwürdige Titel. Die angesprochenen Kräfte sind psychologisch als archetypische Kräfte des Unbewußten zu verstehen. Die Gestalt dieses Kriegers läßt an den kanaanäischen Gott Baal denken. Über den Vernichter-der-Fremden-Gottheiten schreibt David Villaseňor:

*   . . . ist bedeckt mit einer Rüstung aus Feuerstein, Blitz und Donner, die er beherrschen und oftmals ungestraft benutzen kann ... Über seiner rechten Hand befindet sich das Machtsymbol, die mächtige Keule zu schwingen, um Erdbeben entstehen zu lassen; in seiner linken Hand sind fünf Lichtblitze, um die klugen Köpfe mancher Menschen zu verwirren, besonders jener, die noch keine Gewalt über ihre fünf Sinne durch Gebet und Meditation erlangt haben (angedeutet durch fünf Zickzacklinien auf seiner rechten Wange und seiner Stirn). Die beiden Federn, eine rote mit schwarzer Spitze und eine weiße, weisen auf die Fähigkeit hin, die fünf Sinne gemeinsam mit dem sechsten Sinn der Intuition und Weisheit zu benutzen und zu lenken, so daß diese gottähnliche Kraft niemals mißbraucht wird und ungehindert ist noch abweicht vom Weg der Schönheit, dem Weg der Ganzheit ... solange wir Kinder der Erde sind, ist es unsere heilige Verpflichtung, diese fünf Sinne zu verfeinern mit der unbeschränkten Entschlossenheit, sie zu beherrschen, ehe wir ihre Opfer werden ... Spirituell geschulte Indianer und jene, die die Geheimnisse der Selbstbeherrschung lernen, bewegen sich jenseits ihrer fünf Sinne in ein tägliches Erkennen des Ewigen und Unsichtbaren, was für jedes menschliche Wesen ebenso notwendig ist wie die tägliche Nahrung.

(zit. in J. u. M. Argüelles: Das große Mandala-Buch. 1974 S. 94).

Die anderen Darstellungen zeigen Mandalastrukturen in der Natur bzw. in einer Patientenzeichnung. Die Ubiquität dieses Symbols zeigt, daß es sich hier in der Tat um ein umfassendes, die belebte und die unbelebte Natur umfassendes Muster handelt.

Selbstbild – Gottesbild F/6

Die Vielfältigkeit der Gestaltwerdungen des Selbst wird deutlich im Traum des Pfarrers: Es erscheint als Dämon, als Antlitz Gottes und als das eigene Angesicht. Dabei ist letzteres nicht als Ausdruck des Ich mißzuverstehen, denn das Selbstbild beinhaltet zwangsläufig mehr als den bewußtseinsfähigen Teil der Persönlichkeit nämlich den „größeren Menschen" (J. Jacobi), der Bewußtes und Unbewußtes der Person umfaßt einschließlich der noch in ihm schlummernden Möglichkeiten. Nicht zufällig erscheinen auf den Zettelchen Mandalas, denn der Sprung in die (eigene!) Tiefe bleibt immer gefährlich, ermöglicht aber die lebensgeschichtlich offensichtlich geforderte Begegnung mit dem Selbst mit der Folge, daß er nun einen *festen Stand* auf der *mittleren Ebene* findet. Wir haben Grund zu der Annahme, daß diesem Traum ein entsprechendes Geschehen auf der Realebene entspricht.

3.7 Block G: Theologie und Tiefenpsychologie

Die Bedeutung der tiefenpsychologischen Erkenntnisse für Glauben und Theologie wurde in bezug auf Freud bereits C/4, in bezug auf Jung in den Ausführungen zu Block F diskutiert. In diesem Abschnitt geht es eher um die Rezeption bzw. Reaktion im christlichen Raum. Dies betrifft zum einen die Möglichkeit einer tiefenpsychologischen Bibelexegese, zum anderen die Relevanz der tiefenpsychologischen Ergebnisse für das kirchliche Leben.

Die Diskussion der Positionen Thurneysens auf der einen, Tillichs auf der anderen Seite konzentriert sich im Grunde auf die Frage, ob es ein *Proprium* des Glaubens bzw. der Theologie gibt, das der Einsicht der Psychologie entzogen bleiben muß oder ob nicht gerade die psychologische Interpretation eines Theologumenons diesem die Erfahrungsqualität vermitteln kann, die es braucht, um nicht auf eine religiöse Sonderwelt reduziert zu werden, die im konkreten Leben nicht identifiziert werden kann.

Heidlands Position liegt wohl in einem Verzicht auf eine Antwort im Sinne einer dieser beiden Positionen, positiv formulierbar vielleicht im Begriff der Komplementarität. Das heißt, gerade dort, wo von der jeweiligen Prämisse her Theologie und Tiefenpsychologie einander auszuschließen scheinen, bedürfen sie einander zur Vermeidung einer Einseitigkeit. Gerade weil Heidland mit Barth und Jung Positionen extremer Polarität ins Spiel bringt, erweist sich diese Sichtweise als einzig plausible, eine Subsumtion eines Paradigmas unter das andere kann keine Lösung sein.

G/1 Bibelauslegung als Interaktion

Es erscheint sinnvoll, diesen Abschnitt mit einem Modell tiefenpsychologischer Exegese zu beginnen. Es gibt in der Zwischenzeit zahlreiche Versuche zu einem solchen Vorgehen (z. B. H. Barth/T. Schramm: Selbsterfahrung mit der Bibel ²1983). Wichtig ist hier, daß die einzelnen Gestalten der biblischen Geschichte subjektstufig betrachtet werden: der Gelähmte, der Schriftgelehrte, die Helfer und schließlich auch Jesus bzw. der Heilige Geist.

Die ersten drei Fragen sind theoretisch unproblematisch, im praktischen Geschehen dagegen, wie alle subjektstufigen Deutungen, u. U. sehr tiefgehend. Das heißt, es ist nicht zu empfehlen, im Unterricht auf diese Weise vorzugehen, es geht hier eher ums kennenlernen. Es handelt sich hier auch nicht um eine beliebige, letztlich unverbindliche Interpretation, sondern die Betroffenheit durch den Text ist quasi Voraussetzung für diese Vorgehensweise.

Bezüglich der Person Jesu oder gar Gottes wird man Grenzen zu respektieren haben, wenngleich der Gedanke der *Menschwerdung* Gottes hier durchaus ernst genommen werden kann. Die Frage nach dem „Jesus in mir" wird man dann durchaus stellen dürfen, ohne das extra nos zu vernachlässigen. Der schöne Weihnachtsspruch „Und wäre Jesus tausendmal in Bethlehem geboren und nicht in dir, du wärest ewiglich verloren", trägt diesem Sachverhalt durchaus Rechnung.

G(Z)2 Tiefenpsychologische Exegese von Gen 32

Der Interpretationsversuch von Harsch gibt eine tiefenpsychologische Deutung ohne eine explizite Identifikation (wobei eine implizite zumindest unbewußt meist durchaus gegeben ist).
Die Grenzen dieses Verfahrens tauchen dort auf, wo die Gefahr besteht, daß die biblische Geschichte nur der interpretierenden Theorie Recht geben soll. Indes steht jede Interpretation für sich und will einen Verständnishorizont eröffnen. Der Textauszug entstammt dem spannenden Versuch, die Perikope Gen 32 nach Freud und nach Jung zu deuten. Die Freud'sche Interpretation erscheint mir in diesem Fall aber weniger aussagekräftig, so daß sie hier in der Anlage erscheint, nicht im Schülerheft.

* Bevor ich auf die psychoanalytische Interpretation von Gen 32 eingehe, möchte ich zunächst auf „Totem und Tabu" verweisen. Freud hat hier ausgeführt, daß für ihn die Anfänge der Religion in den Problemen des Ödipuskomplexes und seiner Verarbeitung liegen: Die menschliche Urhorde der Frühzeit wurde von einem Vater beherrscht, der allein die sexuelle Verfügung über die Frauen der Horde hatte. Den Söhnen war der Zugang zu den Frauen durch die Androhung der Kastration versperrt. Eines Tages verbündeten sich die Söhne, um den Vater gemeinsam zu erschlagen und aufzuessen. Nach seinem Tode gewannen jedoch die zärtlichen Regungen dem Vater gegenüber die Oberhand, da die Söhne den Vater auch bewundert und geliebt hatten. Von Schuldgefühlen gepeinigt versuchten sie nun die begangene Tat zu sühnen, indem sie den toten Vater in dem Totemtier des Clans weiterleben ließen und schützten. Nur einmal im Jahr wiederholten sie im Schlachten und Essen des Totemtieres die alte Tat. Aus Reue und um sich nicht zu entzweien, versagten sie sich auch die begehrten Frauen des eigenen Clans und wählten die Exogamie als Familienform.

So sieht Freud im Totemismus, der Frühform der Religion, die Ambivalenz der beiden Gefühle zum Zuge kommen: Haß und Liebe, Schuld und Versöhnung, das Grundthema jeder späteren Religion.

Der ursprüngliche Zusammenhang der Religion mit dem Vater- bzw. Gottesmord verfällt jedoch der Verdrängung. Diese Macht der Verdrängung sieht Th. Reik auch in Gen 32 am Werk. Bereits die ätiologischen Sagen (als die ältesten Bausteine des Textes) enthüllen sich in dieser Sicht als Rationalisierungen einer kulturell fortgeschrittenen Zeit, die sich ihrer primitiven Anfänge schämte und den ursprünglichen Konflikt ins Unbewußte abschob. Reik versteht Gen 32 als Parallele zu den Pubertätsriten primitiver Völker. Die Verletzung des Hüftnerves ist dann eine symbolische Verkleidung der Kastration, die zur Sühnung der Inzestwünsche des Jünglings vorgenommen wurde, im allgemeinen in Form der Beschneidung und durch mancherlei andere Martern. Dadurch wird für den jungen Mann der Zugang frei zum legalen Geschlechtsverkehr. Infolge der Verdrängung der ursprünglichen Haßgefühle wird die in der Kastration enthaltene Bedrohung zum „Segen" uminterpretiert. Die in Gen 32 erwähnte Verleihung eines neuen Namens ist ein bekannter Teil des Initiationsritus.

Für die Inzestwünsche sehen Reik (wie auch Niederland) zahlreiche Hinweise im Text: Die starke Verbindung von Jakob zu seiner Mutter Rebekka einerseits, und die von Isaak zu Esau als dem Träger der Vaterimago andererseits; die Verheiratung Jakobs mit den zwei Nichten der Mutter (als Repräsentanten ihrer beiden Brüste); der Betrug an Isaak als symbolische Kastration des Vaters, die Wiederholung dieses Vorgangs Laban gegenüber, usw. Der Kampf am Jabbok ist dann die Begegnung mit der kastrierten Vaterimago, die dadurch versöhnt wird, daß es zu einer symbolischen Kastration kommt. Im kämpfenden Verschlungensein mit dem Vater zeigen sich aber auch zärtliche, homosexuelle Regungen, mit denen sich der Sohn dem Vater als kastriertes, das heißt als weibliches Sexualobjekt anbietet.

Die letzte Stufe der Analyse ist erreicht, wenn die früheste Form der Geschichte erscheint, in der der Sohn in paranoider Verarbeitung seiner Kastrationsangst den Vater kastriert. In dieser Schicht sieht Reik einen Hinweis auf die Urszene des Vatermordes und im Nichtessen des Hüftnerves das Relikt eines alten totemistischen Rituals.

Die Bedeutung seiner Analyse für die Gegenwart faßt Reik in den folgenden Sätzen zusammen: „Nur würden wir die Worte: ‚Ich lasse dich nicht, du segnest mich denn' als den Ausdruck der ewigen Wahrheit ansehen, daß kein Mann zum ungestörten Glück im Leben und in der Liebe gelangen könne, der noch mit dem Schatten des Vaters kämpft. Die partielle Besiegung des Vaters ist ebenso wie die Versöhnung mit ihm und seinem Andenken eine Bedingung des Kulturfortschrittes."

zit. nach Helmut Harsch, Gottes-Bilder. Jakobs Kampf am Jabbok (Gen 32,22–32) in Y. Spiegel (Hg.), Doppeldeutlich. Tiefendimensionen biblischer Texte. München 1978 (Kaiser), S. 83/84.

Zur eigenständigen Interpretation im Unterricht bieten sich folgende biblische Geschichten an:
Die ödipale Problematik findet sich in den Thronfolgegeschichten Davids 2 Sam 15ff Absalom oder 1 Kön 1f Adonija.
Die Schattenthematik findet sich vor allem in den Paaren Kain/Abel Gen 4, Sara/Hagar Gen 16 und 21, Maria und Marta Lk 10,38ff.
Als Animageschichte läßt sich Ri 11 Jeftah oder Jakobs Brautwerbung Gen 29 behandeln.
Eine Animusgeschichte könnte etwa das Esterbuch sein.
Dies wollen nur ein paar Vorschläge sein. Jeder Lehrer muß selbst durch genauere Untersuchung herausfinden, ob eine bestimmte Geschichte ihn anspricht, und kann dann, wenn er sich in einer solchen Handlung „heimisch" fühlt, mit der Klasse daran arbeiten.

G/3 Theologie als „Hilfswissenschaft" der Theologie

Charakteristisch für Thurneysen ist, daß er, aus der Schule Karl Barths kommend, der Tiefenpsychologie eine Rolle im Vorfeld der eigentlichen „Seelsorge" zugesteht, allein „Dieser innerste personale Kern des Menschen aber ist dem Zugriff der psychologischen Erkenntnis entzogen, er ist allein dem Verständnis des Glaubens zugänglich." Natürlich hat Thurneysen Recht, wenn er den Menschen in seiner Gottesbeziehung ins Zentrum seiner Betrachtung stellt, die Frage wäre, ob dies deshalb kein psychologischer Tatbestand ist. Erfahrungsgemäß ist die Glaubensfrage unlösbar mit der Persönlichkeits-und damit auch der je spezifischen Neurosestruktur jedes Menschen verbunden: der Depressive glaubt anders als der Zwanghafte. Das immer stärkere Vorherrschen narzißtischer Störungen gibt der Sichtweise Thurneysens insofern Recht, als es hierbei in der Tat um den Kern der Persönlichkeit, um das „was uns unbedingt angeht" (Tillich) geht, daß das Problem des Angenommenseins und die Sinnfrage vorherrschend werden. Wo hier die Antwort des Glaubens wirklich der Seele des Menschen erreichen kann, besteht die Möglichkeit der Heilung. Im praktischen Vollzug scheint aber eine Scheidung der beiden Ansätze im Thurneysen'schen Sinne zumindest sehr schwierig.

Tiefenpsychologie als Partner der Theologie

Tillichs Frage ist angesichts der festgestellten Einseitigkeit der neueren, besonders der protestantischen Theologie „Wie kann sich die Theologie die Tiefenpsychologie *nutzbar* machen?" Tillich rekuriert darauf, daß sich die theologischen Begriffe, die sich gewissermaßen nach der ethisch-moralischen Seite hin verselbständigt haben, eine existentielle Fundierung erhalten können, wenn klar wird, daß der Mensch nicht nur aus dem Bewußtsein besteht. Der Blick auf das Ganze der Person bringt mit Hilfe der Tiefenpsychologie Dimensionen ans Licht, die auch beim besten Willen nicht der Kontrolle des Bewußtseins unterworfen werden können. Tillich verweist angesichts der tiefenpsychologischen Erkenntnisse (z. B. die Existenz des Schattens) auf die strukturelle Sündhaftigkeit und damit auch Erlösungsbedürftigkeit der Menschen. Die Einsicht Freuds, daß wir nicht „Herr im eigenen Hause sind", wird konstitutiv für ein Verwiesensein an Gott, der uns gerade *so* annimmt. Tillich sieht durch die Tiefenpsychologie die Einsicht bestätigt, daß alle Selbsterlösungshoffnungen aufgrund moralischer Kontrolle der Lebensführung angesichts der Existenz unseres Unbewußten scheitern müssen und sieht auch darin dem reformatorischen Grundanliegen einer Rechtfertigung des Sünders allein aus Gottes Gnade Rechnung getragen.

Gott in und jenseits psychologischer Erfahrung

Zum Heidlandtext ist das Wesentliche schon oben gesagt. Weil er zurecht auf Schleiermacher verweist, der in seinen „Reden über die Religion" durch sein induktives Vorgehen an die Erfahrungen seiner Adressaten anknüpft und damit eine gewisse Verwandtschaft zu Jungs Erkenntnissen herstellbar ist, soll ein Textauszug noch hier angefügt werden. Wo Schleiermacher vom Universum spricht und für seine „Verächter der Religion" bewußt das Wort Gott vermeidet, läßt sich sowohl Gott als auch das Selbst lesen und beides ergibt einen guten Sinn. (Im Jahre 1799 verfaßt!)

Ergänzungstext:

* Ihr (der Religion) Wesen ist weder Denken noch Handeln, sondern Anschauung und Gefühl. Anschauen will sie das Universum, in seinen eigenen Darstellungen und Handlungen will sie es andächtig belauschen, von seinen unmittelbaren Einflüssen will sie sich in kindlicher Passivität ergreifen und erfüllen lassen.

Anschauen des Universums, ich bitte, befreundet Euch mit diesem Begriff, er ist der Angel meiner ganzen Rede, er ist die allgemeinste und höchste Formel der Religion, woraus Ihr jeden Ort in derselben finden könnt, woraus sich ihr Wesen und ihre Grenzen aufs genaueste bestimmen lassen. Alles Anschauen gehet aus von einem Einfluß des Angeschauten auf den Anschauenden, von einem ursprünglichen und unabhängigen Handeln des ersteren, welches dann von dem letzteren seiner Natur gemäß aufgenommen, zusammengefaßt und begriffen wird. Wenn die Ausflüsse des Lichtes nicht - was ganz ohne Euere Veranstaltung geschieht - Euer Organ berührten, wenn die kleinsten Teile der

Körper die Spitzen Eurer Finger nicht mechanisch oder chemisch affizierten, wenn der Druck der Schwere Euch nicht einen Widerstand und eine Grenze Eurer Kraft offenbarte, so würdet Ihr nichts anschauen und nichts wahrnehmen, und was Ihr also anschaut und wahrnehmt, ist nicht die Natur der Dinge, sondern ihr Handeln auf Euch. Was Ihr über jene wißt oder glaubt, liegt weit jenseits des Gebiets der Anschauung. So die Religion; das Universum ist in einer ununterbrochenen Tätigkeit und offenbart sich uns jeden Augenblick. Jede Form, die es hervorbringt, jedes Wesen, dem es nach der Fülle des Lebens ein abgesondertes Dasein gibt, jede Begebenheit, die es aus seinem reichen, immer fruchtbaren Schoße herausschüttet, ist ein Handeln desselben auf uns; und so alles Einzelne als einen Teil des Ganzen, alles Beschränkte als eine Darstellung des Unendlichen hinnehmen, das ist Religion; was aber darüber hinauswill und tiefer hineindringen in die Natur und Substanz des Ganzen, ist nicht mehr Religion und wird, wenn es doch noch dafür angesehen sein will, unvermeidlich zurücksinken in leere Mythologie.

aus: Friedrich Schleiermacher: Über die Religion. Reden an die Gebildeten unter ihren Verächtern (1799), Stuttgart 1969 (Reclam), S. 35, 38 f.

987 654 321